揭秘护城河系列

价值投资者的财报分析

夏立军 李莫愁 —— 著

FINANCIAL

ANALYSIS

FOR

VALUE

INVESTING

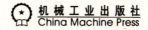
机械工业出版社
China Machine Press

图书在版编目（CIP）数据

价值投资者的财报分析 / 夏立军，李莫愁著 . —北京：机械工业出版社，2021.1
（2022.7 重印）
（揭秘护城河系列）

ISBN 978-7-111-67064-3

I. 价… II. ① 夏… ② 李… III. 上市公司 – 会计报表 – 会计分析 – 中国 IV. F275

中国版本图书馆 CIP 数据核字（2020）第 252664 号

价值投资者的财报分析

出版发行：机械工业出版社（北京市西城区百万庄大街 22 号）	邮政编码：100037
责任编辑：闫广文	责任校对：马荣敏
印　　刷：保定市中画美凯印刷有限公司	版　　次：2022 年 7 月第 1 版第 6 次印刷
开　　本：170mm×230mm　1/16	印　　张：12.5
书　　号：ISBN 978-7-111-67064-3	定　　价：69.00 元

客服电话：(010) 88361066　88379833　68326294　　投稿热线：(010) 88379007
华章网站：www.hzbook.com　　　　　　　　　　　　读者信箱：hzjg@hzbook.com

版权所有·侵权必究
封底无防伪标均为盗版

前　言

自 1990 年设立以来，中国资本市场发展至今已有 30 年的历史。30 年来，中国资本市场与中国经济相辅相成，互相促进，目前在规模上已双双排名世界第二。无论是资本市场的上市公司数量，还是投资者数量，与资本市场设立时相比，都已经不可同日而语。据统计，截至 2020 年 8 月底，各类投资者数量已突破 1.7 亿。可以说，在我们身边的每个家庭中，几乎都有人参与 A 股市场的投资。

然而，长期以来，中国资本市场一直是一个新兴加转轨的市场。在这样的市场中开展投资，殊为不易。由于资本市场的各项基础制度尚在不断健全之中，各类违法违规行为屡见不鲜，欺诈、舞弊、操纵、内幕交易等违法违规行为给我们参与资本市场的投资带来了巨大挑战。同时，由于未经专业训练的散户投资者众多，整个市场比较缺乏理性。随着市场规模日益扩大，资本市场的法治基础面临着更大的挑战，有待大幅度改革和完善。这些因素都使得中国资本市场上的股票价格波动充满了诺贝尔经济学奖得主席勒教授所说的"动物精神",大量参与股票投资的中小投资者热衷于概念炒作、打探消息、频繁交易和对股票价格进行技术图形分析,最后亏损累累。

如何在捉摸不定的股票价格变化中寻找确定性呢?这首先需要投资者保持理性,用理性投资和价值投资的理念武装自己。经济学理论告诉我们,商品的价值决定价格,而价格围绕价值上下波动。可是,在资本市场上,很多人认为股票已经不再是商品,而是筹码,其价格可以脱离公司的内在价值。这不得不说是一个巨大的误解。我们观察每个交易日的股票行情会发现,价格的确每时每刻都在上下翻飞,起伏波动。但是,长期来看,绝大部分公司的股票价格不会长时间严重脱离公司的内在价值。其原因是,市场上大量的套利交易者的套利交易会使得价格逐渐回归价值。越是有效的资本市场,价格反映与价值有关的各种信息的速度越快。这便是另一位诺贝尔经济学奖得主法玛教授的"有效市场理论"。

席勒教授认为股票价格受投资者的心理、情绪等"动物精神"驱动,而法玛教授认为股票价格反映了与公司价值有关的所有公开信息甚至尚未公开的信息。他们两人同时获得诺贝尔经济学奖,表明了"动物精神"和"有效市场理论"所揭示的股票价格运动是同一枚硬币的两面。在任何资本市场上,股票价格不可能完全受"动物精神"影响,也不可能完全有效地反映公司价值。对于普通的中小投资者而言,要预测成千上万其他投资者的心理、情绪及其集合,犹如解一个由海量捉摸不定的变量所构成的巨大方程组,无疑难于登天。相反,"有效市场理论"对普通的中小投资者却具有极其重要的实践意义。如果知道价格最终要回归价值，那么我们就可以利用对公司价值的研究和分析来预测其未来的股价，从而获取良好的投资收益。

这里的关键是，研判一家公司的未来发展趋势所涉及的变量，要远远少于预测成千上万投资者心理和情绪所涉及的变量。其原因是，和股票价格相比，公司的内在价值不是那么变幻莫测的，一家优秀的公司通常不是突然优秀起来的，也不会突然就不优秀了，而一家平庸的公司也不是突然平庸起来的，当然它也很难突然从平庸变为优秀。在A股市场上，贵州茅台、海天味业、美的集团、恒瑞医药等一大批优秀公司长期向上的股价走势，已经印证了基于公司内在价值的投资逻辑的有效性。这种投资逻辑就是巴菲特等人的价值投资。

近年来，随着中国资本市场环境的变化，尤其是中国资本市场逐渐走向市场化、法治化和国际化，理性投资和价值投资理念逐渐深入人心，越来越多的中小投资者在经历投资挫折之后，意识到做好投资需要理性精神和价值投资方法。价值投资的核心是识别优秀的具有长期竞争力和护城河的公司，买入它们，长期持有，与它们一同成长，从而获得持续、稳定的良好投资收益，通过复利的威力实现财富的长期增长。因此，进行价值投资的首要技能就是识别优秀的具有长期竞争力和护城河的公司，而这正是以价值投资为目标的财报分析的关键。可以说，财报分析是价值投资的起点。

本书立足中国资本市场上日益增长的价值投资需求，围绕价值投资的核心理念，力求通俗易懂、简明扼要、图文并茂地阐明以价值投资为目标的财报分析方法。这一财报分析方法的完整框架，既包括从宏观经济、行业和公司角度充分利用各种非会计信息识别优秀企业的竞争力来源，也包括充分利用会计信息识别优秀企业的竞争力表现——通过将竞争力的来源与表现互相印证，提高识别优秀企业的准确性，进而更好地评估公司的股票估值。在本书中，海天味业这家优秀的食品饮料行业上市公司的案例贯穿始终，我们将通过它介绍优秀公司的行业、公司特征以及优秀公司的财报指标特征。为了更好地展示优秀公司的财务与非财务方面的特征，我们以同行业的一家味精公司为例进行对比，同时通过大量数据和图表展示了 A 股上市公司的整体情况。

以价值投资为目标的财报分析，重点是识别公司是否具有长期竞争力和护城河，即公司是否具有优秀的成长性。所谓优秀的成长性，是指成长性高、持续时间长并且确定性高。与公司相关的非会计信息，如中国宏观层面的人口规模、人口结构、经济发展阶段、经济发展趋势等国情，决定了行业的发展空间，而行业的发展空间和竞争格局又在很大程度上决定了公司的成长性。此外，企业家和公司自身的能力和素质也是重要的因素。可以说，宏观、行业、公司层面的有利因素和比较优势是公司优秀的成长性（即竞争力）的来源。这种竞争力的来源最终会体现在公司的财务指标上，三张财务报表如同公司竞争力的体检 X 光片。本书详细讲解了如何当好公司竞争力的体检医生，读懂这些 X 光片。

要读懂这些 X 光片，不仅需要了解一家优秀的、健康的公司在 X 光片上各项指标的表现，还要防止被这些指标误导或欺骗。同时，要评判市场对公司的竞争力是高估还是低估了。这些都是以价值投资为目标的财报分析的关键事项，我们在书中一一做了介绍。

最后需要说明的是，价值投资和财报分析学无止境，本书的内容也难免存在错误或疏漏，书中的观点不作为投资决策依据，仅供读者学习和了解以价值投资为目标的财报分析方法，举一反三，不断提高财报分析水平。我们欢迎读者批评指正，和我们一起交流探讨，共同提高。祝愿读者善用财报分析进行价值投资，取得良好的投资收益。同时祝愿理性投资和价值投资理念在中国资本市场开花结果，优秀的上市公司不断涌现，中国资本市场更加有效、强大。

目 录

前言
内容精要

第 1 章　会计、财报和价值投资　/ 1

1.1　什么是会计　/ 1

1.2　什么是财务报表　/ 9

1.3　三张报表之间的关系　/ 11

1.4　总结　/ 16

第 2 章　财报分析的重要性和常见方法　/ 17

2.1　为什么投资者需要学会财报分析　/ 17

2.2　财报分析的常见方法　/ 22

2.3　财报分析的注意事项　/ 26

2.4　总结　/28

第3章　什么是好行业和好公司　/29

3.1　好行业和好公司的标准　/30

3.2　海天味业的行业和公司基本面情况　/33

3.3　总结　/47

第4章　公司持续盈利能力强不强：利润表分析　/48

4.1　什么是利润表　/48

4.2　优秀公司利润表的特征　/50

4.3　如何判断利润的质量　/79

4.4　如何使用销售净利润率和净资产收益率　/93

4.5　总结　/102

第5章　公司资产负债结构是否健康：资产负债表分析　/103

5.1　什么是资产负债表　/103

5.2　优秀公司资产的特征　/108

5.3　如何判断资产的质量　/126

5.4　优秀公司负债的特征　/133

5.5　如何分析公司的偿债能力　/142

5.6　总结　/146

第6章　公司现金流获取能力强不强：现金流量表分析　/147

6.1　什么是现金流量表　/147

6.2　优秀公司现金流量表的特征　/151

6.3　优秀公司的现金股利分配情况　/155

6.4　总结　/158

第 7 章 财报分析如何防范数字游戏 / 159

7.1 如何考虑审计问题 / 159

7.2 如何考虑会计政策与会计估计变更问题 / 165

7.3 如何考虑盈余管理问题 / 167

7.4 如何考虑财务舞弊问题 / 169

7.5 总结 / 170

第 8 章 公司估值是否合理 / 172

8.1 估值的科学性与艺术性 / 172

8.2 如何判断股票估值的高低 / 173

8.3 总结 / 176

附录 A 常用财务指标 / 178

附录 B 参考网站及数据库 / 181

内容精要

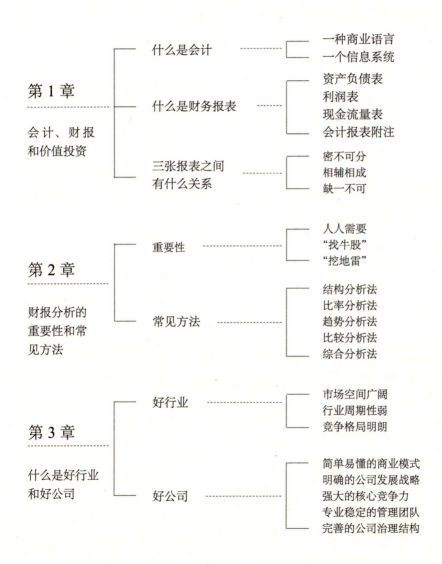

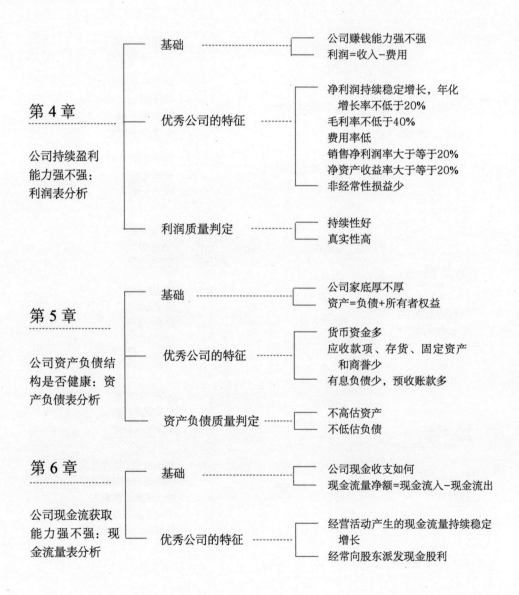

第 7 章 财报分析如何防范数字游戏

- 审计
  - 审计意见包括标准无保留意见、无保留审计意见+说明段、保留意见、无法表示意见、否定意见
  - 优秀公司始终收到标准无保留意见，且不会频繁变更会计师事务所
- 会计政策与会计估计
  - 优秀公司不滥用会计政策变更
  - 优秀公司不滥用会计估计变更
- 盈余管理
  - 盈余管理动机
  - 盈余管理手段
- 财务舞弊
  - 舞弊动机
  - 舞弊手段
  - 舞弊借口
- 舞弊迹象识别
  - 较多的关联交易
  - 股权质押比例较高
  - 会计差错金额较大
  - 业绩变脸情况明显
  - ……

第 8 章 公司估值是否合理

- 估值的科学性与艺术性
  - 估值既是科学又是艺术
  - 价值投资追求不确定性中的确定性
- 估值高低判断
  - 以成长性为核心的市盈率
  - PEG 估值判断

2020年3月，巴菲特接受雅虎财经采访时给年轻投资者提出了两条建议：第一，要掌握会计学，就像读书要先学语言一样；第二，相信买入的是企业，而不要沉迷于股价走势图。他认为，投资时良好的心态比技术性技巧更重要。

第1章

会计、财报和价值投资

1.1 什么是会计

提起财务报表和价值投资，就不得不提会计。会计是什么呢？相信很多人会觉得既熟悉又陌生。也许，你的身边就有很多与会计相关的人，你发现了吗？比如，你时常会看到工作单位财务部门的同事熟练地敲打着计算器，发出哒哒哒的响声，于是你认为这就是会计。再如，你的一位邻居，就职于一家国际知名的会计师事务所，每逢岁末年初，你总能看到他抱着一堆资料行色匆匆，于是你会认为这就是会计。还有，你的一个高中同学，聚会时总是不经意间炫耀他的股票又赚了一大笔，于是你又会认为这可能也跟会计有关。是的，以上这些的确是会计工作和会计人的部分缩影。会计工作务实而精彩，会计人的生活充实而忙碌。

一般来说，会计涉及两大项内容，一项是如何生产会计信息，另一项是如何使用会计信息。本书讲述的财报分析，其目的是使用会计信息来帮助我们进行投资决策。对于企业来说，在激烈竞争的市场环境中，高水平的财报分析可以及时帮助它们发现经营风险和管理漏洞。对于投资者来说，在迷雾重重的资本市场，高水平的财报分析可以提高他们的投资成功率。可以说，如果你重视会计信息，重视财报分析，它们会毫不吝啬地奖励你；如果你轻视会计信息，轻视财报分析，它们也会毫不留情地惩罚你。会计对我们来说实在太重要了，以至于不论我们怎么强调它都不为过。

思想家、教育家孔子是这样评价会计的："会计当而已矣。"所谓的"当"有三层含义：第一层是指，在会计工作中，对经济活动事项的处理要得当；第二层是指，不仅对会计事项的记录要正确无误，而且要使所记录的数字和财产的实际状况相符，也就是账实相符；第三层是指，要善于选择合格的、适当的会计人才。

著名的德国文学大师歌德用诗歌的语言对会计的复式记账方法极尽赞美："我想不出有谁的精神比真正的商人的精神更高尚，或者更需要这样。看到这种秩序在他的整个生意中盛行，真是件了不起的事情！通过这种方式，他可以在任何时候观察整体，而不会被细节迷惑。他从复式簿记系统中得到了多么大的好处啊！它是人类最美妙的发明之一，每个谨慎的商人都应该把它引入自己的生意中。"

思想家和哲学家马克思在《资本论》中对会计的基本职能是这样描述的：过程越是按社会的规模进行，越是失去纯粹个人的性质，作为对过程的监督和观念上的总括的簿记就越是必要。这句话虽然没有直接提到"会计"二字，但是仔细推敲起来，你会发现它在阐述会计的基本职能。"过程"其实代表了社会的生产过程，"对过程的监督"表示会计的监督职能，"对过程的……观念上的总括"表示会计的核算功能，而"簿记"恰恰就是指代会计工作。

美国前总统里根在1987年美国注册会计师协会成立100周年之际向该协会发去贺信。信中，里根总统对注册会计师以及他们的工作给予了高度评价，他指出，"离开了注册会计师，我们的经济将会萎缩，我们的金融证券市场将会土崩瓦解"。会计对于经济发展和资本市场的重要作用可见一斑。

被誉为"股神"的投资家巴菲特是这样评价会计的："你必须了解会计学，并且要懂得其微妙之处。它是企业与外界交流的语言，一种完美无瑕的语言。你必须花时间去学习它——学习如何分析财务报表，才能够独立地选择投资目标。"巴菲特在这段话中用了两个"必须"："必须"了解会计学，"必须"花时间去学习它——学习如何分析财务报表。此外，他还用了两个形容词，"微妙"和"完美无瑕"，可见，在"股神"巴菲特的世界里，会计是多么重要和美好的事物。

纵观历史，放眼世界，不管是伟大的思想家、政治家还是投资家，他们都对会计给出了高度的评价。那么，会计究竟是什么呢？这些名人为什么会给予会计如此高的评价呢？实际上，会计是一种商业语言。语言最重要的功能是传递信息，会计是一种传递企业商业活动信息的语言。借助这种语言，我们可以了解和读懂一家企业。我们不单可以了解和读懂中国的企业，还可以了解和读懂世界上任何国家的企业。从会计传递企业商业活动信息的角度来看，你也可以把会计理解成一个信息系统，一个涉及信息的生产、加工和使用的系统。在这个系统中，只有当高质量的信息被合理地加工、恰当地使用时，这些信息才能帮助决策者进行正确决策。从这个角度来讲，会计又是一种能够提供决策依据的管理活动。比如说，一家企业的高级管理人员想知道企业在经营的过程中哪个部门运转得好、哪个经理足够努力、哪个项目效益更好、哪个产品更有市场，这些问题会计都可以帮助他回答。借助这些回答，他可以做出进一步决策来提高企业的经营效益和效率。

如果给会计下一个精准的定义，那么这个定义又是怎样的呢？实际上，会计是以货币为主要计量单位，以凭证为依据，借助于专门的技术方法，对一个主体的经济活动进行全面、系统、连续、综合的核算和监督，并且要向有关方面提供相关信息的管理活动。

为了更好地理解会计，我们需要简单了解一下会计的六大要素和三张财务报表。六大要素分别是资产、负债、所有者权益、收入、费用和利润。三张财务报表分别是资产负债表、利润表和现金流量表。财务报表是会计六大要素的信息载体。

表1-1是A公司2019年12月31日的资产负债表。从该表可以看出，与资产负债表对应的三大会计要素是资产、负债和所有者权益。资产负债表就像我们在某个特定时刻给企业拍了一张照片，"咔嚓"一声将企业的情况定格在这个时刻（例如2019年12月31日）。这张报表一方面向我们展示了企业拥有或者控制多少经济资源，也就是企业的家底厚不厚；另一方面，它向我们展示了这些资源对应的权益归谁所有。

表 1-1 A 公司 2019 年 12 月 31 日资产负债表

A 公司资产负债表

2019 年 12 月 31 日

单位：元

货币资金	100	短期借款	100
应收账款	100	应付账款	100
存货	300	**流动负债合计**	200
流动资产合计	500	长期借款	200
		非流动负债合计	200
固定资产	1 000	负债总计	400
无形资产	500	股本	1 500
非流动资产合计	1 500	未分配利润	100
资产合计	2 000	**负债和所有者权益合计**	2 000

资产负债表是一张非常完美的报表，它无时无刻不是左右平衡的。⊖ 也就是说，在所有时刻，资产负债表中的资产永远等于负债加上所有者权益。资产列在资产负债表的左边，按照变成现金的速度快慢自上而下排序，变现速度快的资产列在上方，变现速度慢的资产列在下方。资产负债表左侧上方是流动性最强的流动资产，包括货币资金、交易性金融资产、应收票据、应收账款、预付款项、其他应收款（应收利息和应收股利），等等；左侧下方是非流动资产，包括长期股权投资、固定资产、在建工程、无形资产，等等。

资产负债表的右侧被分成上下两部分。上面部分代表与债权人对应的企业权益，下面部分代表与股东对应的企业权益。与债权人对应的权益我们称为"负债"，它代表企业亏欠社会各方的债务。按照偿还期限的长短，负债可以分成流动负债和非流动负债。流动负债包括短期借款、应付票据、应付账款、预收款项、其他应付款（应付利息、应付股利），

⊖ 资产负债表有账户式和报告式两种形式，本书中所提及的分左右两侧的资产负债表均特指账户式资产负债表。

等等。非流动负债包括长期借款、应付债券，等等。负债下方与股东对应的企业权益我们称为"所有者权益"，它位于资产负债表的右下角。所有者权益包括两大项内容，一项是股东的原始投入，另一项是企业经营的积累。股东的原始投入又分为股本（或实收资本）和资本公积，企业经营的积累又分为盈余公积和未分配利润。

表 1-2 是 A 公司 2019 年的利润表。从该表可以看出，与利润表对应的三大会计要素是收入、费用和利润。利润表就像我们在某个时间段里给企业拍摄了一段视频，通过这段视频，我们可以看出企业在这段时间里赚了多少钱，经营成果如何。利润表中的收入包括主营业务收入、其他业务收入、营业外收入，等等；费用包括主营业务成本、税金及附加、销售费用、管理费用、财务费用，等等；利润包括营业利润、营业外利润、利润总额、净利润。其实，利润表可以提供给我们的信息很多，在后面的章节中，通过我们的分享，你会充分体会到，如果公司处于不同的时期或者采用不同的商业模式、发展战略，那么它们的利润表会有很大差别。

表 1-2　A 公司 2019 年利润表

A 公司利润表
2019 年

单位：元

收入	1 000
成本	800
费用	75
利润总额	125
所得税	25
净利润	100

表 1-3 是 A 公司 2019 年的现金流量表。从该表可以看出，现金流量表包括经营活动产生的现金流量净额、投资活动产生的现金流量净额和筹资活动产生的现金流量净额。现金流量表也像在某个时间段里给企业拍摄了一段视频，通过这段视频，我们可以看出企业现金的流入和流出情况。

表 1-3　A 公司 2019 年现金流量表

A 公司现金流量表
2019 年

单位：元

经营活动产生的现金流量净额	−200
投资活动产生的现金流量净额	−1 500
筹资活动产生的现金流量净额	1 800
现金净增加额	**100**

在了解了会计的六大要素和三张财务报表之后，我们有必要了解一些会计的基本知识，包括会计恒等式、记账规则、记账基础和会计假设。重要的会计恒等式有三个。第一个恒等式是"资产 = 负债 + 所有者权益"，在理解这个恒等式的时候，你会发现，这是一个由资产负债表中对应的三大会计要素组成的恒等式。这三个会计要素对应着"时刻"的概念，这个恒等式表示无论在哪个时刻，企业的资产永远都等于负债和所有者权益的加总。例如，企业年初的资产等于年初的负债加上年初的所有者权益。

第二个恒等式是"收入 − 费用 = 利润"，在理解这个等式的时候，你会发现，这是一个由利润表中对应的三大会计要素组成的恒等式。这三个会计要素对应着"时间区间"的概念，这个恒等式表示无论在哪一段时间区间里，企业的收入减去费用都等于利润。例如，企业 2019 年的收入减去2019年的费用等于2019年的利润。

  根据前两个恒等式,我们还可以得出第三个恒等式。如果我们把一段时间里实现的利润全部留在企业,不向股东进行分配,那么这些利润可以看成股东对企业的追加投资,这会增加资产负债表中所有者权益的金额,因此期初的所有者权益加上当年实现的利润等于期末的所有者权益。因为"期末的资产=期末的负债+期末的所有者权益",所以"期末的资产=期末的负债+期初的所有者权益+本期的利润",后者就是第三个会计恒等式。

  记账规则是指对企业发生的每一笔交易和事项,会计人员在记账时都要在两个以上的会计科目中同时记录。例如,企业使用银行存款购买一批原材料,会计人员记账时一方面要增加原材料,另一方面要减少银行存款。在记账实务中,我们会使用"借"与"贷"两个记账符号,而这两个记账符号没有实际意义。借助记账符号将同一笔交易或事项以相同的金额记录在两个以上会计科目中,这样的记账方法有助于我们弄清楚交易和事项的来龙去脉,我们称这种记账方法为"复式记账"。复式记账法的记账规则是:"有借必有贷,借贷必相等。"

  记账基础分为权责发生制和收付实现制。在权责发生制下,按照收入和费用的归属期间记录收入和费用,而不考虑现金是否流入或流出。在收付实现制下,收入和费用按照现金的流入和流出进行记录。比如,企业在2月份赊销的一批产品在4月份才收到货款,在权责发生制下,企业2月份已将产品发给客户,不论货款何时收到,均应该在2月份确认产品销售收入;而在收付实现制下,销售收入应该在收到货款的4月份记录,而不是在2月份。权责发生制和收付实现制各有利弊,三张财务报表中的资产负债表和利润表是按照权责发生制编制的报表,现金流量表是按照收付实现制编制的报表。

会计假设有四个。第一个假设是会计主体，是从空间范围上界定会计工作。例如，两位股东共同出资成立一家有限责任公司，那么公司的会计人员需要对公司的经营活动进行会计记录，两位股东个人的衣食住行信息不需要公司的会计人员来记录。第二个假设是持续经营，假设企业将按照目前的状态继续经营下去，不考虑停业或破产。第三个假设是会计分期，将企业的生产经营期间分成若干个会计期间（可以是月、半年、年），会计分期能够使企业提供及时的会计信息。第四个假设是货币计量，指企业在会计工作中以货币为统一的计量单位。

1.2　什么是财务报表

财务报表是会计信息的载体，在我们身边就有很多财务报表。

男士们可能喜欢喝茅台酒，女士们可能喜欢用海天的酱油烹饪美食，长辈们可能喜欢用云南白药的牙膏，大学生们可能喜欢吃绝味食品的鸭脖，孩子们可能喜欢嗑洽洽的香瓜子。我们在享用这些美酒美食的同时可曾想过去读读相关公司的财务报表呢？阅读报表看似枯燥，实际上是一项重要而有趣的事情，因为它能够帮助我们发现投资机会、规避投资风险。

如果你想阅读某公司的财务报表，我们建议你先获取该公司的年度报告。如果阅读贵州茅台酒股份有限公司（简称贵州茅台）2018年年度报告，你会发现年度报告有112页，一共12节。其中，第1～10节主要包括公司简介、业务范围、经营情况、股权结构、高管人员、公司治理和重要事项等，第 11 节是公司的财务报告。来到财务报告这一节，首先映入眼帘的是审计报告。你可以把审计报告理解成注册会计师写给全体股东的一封信，这封信的抬头是"贵州茅台酒股份有限公司全体股东"。审计师在审计报告的第一部分陈述审计意见，具体内容如下：

> 我们审计了后附的贵州茅台酒股份有限公司（以下简称"贵州茅台"）财务报表，包括 2018 年 12 月 31 日的合并及母公司资产负债表，2018 年度的合并及母公司利润表、合并及母公司现金流量表、合并及母公司股东权益变动表，以及财务报表附注。
>
> 我们认为，后附的财务报表在所有重大方面按照企业会计准则的规定编制，公允反映了贵州茅台 2018 年 12 月 31 日的合并及母公司财务状况以及 2018 年度的合并及母公司经营成果和现金流量。⊖

这是典型的标准无保留审计意见——标准无保留审计意见是注册会计师出具的最好的审计意见类型。在审计意见之后，审计报告第二部分是形成审计意见的基础，第三部分是关键审计事项，第四部分是其他信息，第五部分是管理层和治理层对财务报表的责任，第六部分是注册会计师对财务报表审计的责任，最后一部分是注册会计师的签名以及审计报告的出具时间和地点。

在财务报告这一节中，审计报告之后就是财务报表，包括合并财务报表以及母公司财务报表，分别为合并资产负债表和母公司资产负债表、合并利润表和母公司利润表、合并现金流量表和母公司现金流量表、合

⊖ 摘自贵州茅台 2018 年年度报告。

并所有者权益变动表[⊖]和母公司所有者权益变动表。资产负债表向我们展示企业家底厚不厚，利润表向我们展示企业赚钱能力强不强，现金流量表向我们展示企业现金的流入流出变化情况，所有者权益变动表向我们展示股东权益的变动情况。

财务报表下方是会计报表附注[⊖]内容。财务报表中的数据是高度浓缩的，会计报表附注能够进一步解释这些数据。比如，资产负债表中会列示存货资产的金额，但是，原材料是多少、在产品是多少、产成品是多少、包装物是多少、存货的发出计价方法是先进先出法还是加权平均法、存货计提了多少减值准备，这些有关存货的具体信息都要通过阅读会计报表附注来获取。再比如，报表中只会列示公司的应交税费，但是公司需要交哪些税及对应的税率是多少，则都需要阅读会计报表附注来获取。

实际上，会计报表附注是财务报表的重要组成部分。我们在进行财报分析的过程中，如果想把一家公司研究得清楚，分析得透彻，离不开对会计报表附注的深入分析。此外，我们仅仅分析一个年度的报表和附注资料是远远不够的，需要分析至少 5 年以上的报表和附注资料。很多时候，我们还需要对比分析目标公司和竞争者的报表和附注资料。只有在阅读大量资料的基础上，我们才能够看清楚一家公司相对于竞争者的优势和劣势，进而提高投资的成功率。

1.3 三张报表之间的关系

在读过贵州茅台 2018 年年度报告之后，有的朋友会奇怪，为什么

⊖ 所有者权益变动表又称股东权益变动表，本书中两者皆用，指代相同。
⊖ 会计报表附注又称财务报表附注，本书中两者皆用，指代相同。

一家公司在同一份年度报告中会有这么多张报表呢？有资产负债表、利润表、现金流量表，还有股东权益变动表。实际上，资产负债表、利润表和现金流量表是最基本的三张报表，股东权益变动表是一张补充报表。我们在财报分析的过程中，分析最基本的三张报表并结合其他信息就足以看清一家企业的经营情况。

这三张最基本的报表之间有什么关系呢？要想回答这个问题，我们可以用8个字来形容——密不可分、相辅相成。为什么它们是密不可分、相辅相成的呢？这还要从会计恒等式说起。前面介绍的第三个会计恒等式是"期末的资产＝期末的负债＋期初的所有者权益＋本期的利润"，这个等式可以变形为"期末的资产＝期末的负债＋期初的所有者权益＋本期收入－本期费用"，这两个等式都向我们展示了资产负债表和利润表之间的紧密联系。资产负债表和利润表之间的关系还可以通过图1-1展示出来。图1-1是左右对称的，左边代表期初资产负债表，右边代表期末资产负债表，中间的部分分成上下两块，上面是现金流量表，下面是利润表。

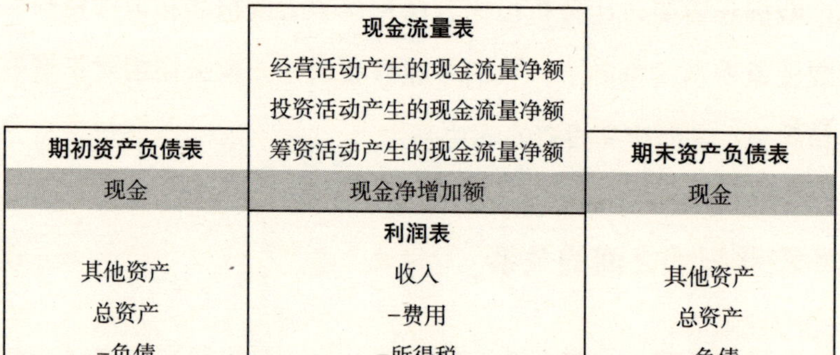

期初资产负债表	现金流量表	期末资产负债表
	经营活动产生的现金流量净额	
	投资活动产生的现金流量净额	
	筹资活动产生的现金流量净额	
现金	现金净增加额	现金
	利润表	
其他资产	收入	其他资产
总资产	－费用	总资产
－负债	－所得税	－负债
所有者权益	净利润	所有者权益

图1-1 三张报表之间的关系

利润表和资产负债表有什么关系呢？利润表的结构非常简单，收入减费用，再减所得税，等于净利润。图中最下面一行表明，期初资产负债表中的所有者权益加上当期的净利润，等于期末资产负债表中的所有者权益。在一家公司获得净利润且没有派发股利的情况下，它的净利润将全部累计到所有者权益当中。现在，我们相信大家已经很好地理解了利润表和资产负债表之间的关系。

现金流量表和资产负债表有什么关系呢？回答这个问题之前，我们需要了解现金流量表的构成。现金流量表由三块内容构成，第一块是经营活动产生的现金流量，第二块是投资活动产生的现金流量，第三块是筹资活动产生的现金流量，而现金流量净额等于现金流入减去现金流出。

在经营活动产生的现金流量中，销售商品、提供劳务收到现金就是经营活动产生的现金流入，支付职工薪酬（对应的现金）就是经营活动产生的现金流出。另外，还有其他类型的经营活动产生的现金流入和现金流出，用现金流入减去现金流出就等于经营活动产生的现金流量净额。

投资活动产生的现金流量等于投资活动产生的现金流入减去投资活动产生的现金流出。比如，企业卖掉一个旧厂房获取现金就是投资活动产生的现金流入，购买一台新设备支付现金就是投资活动产生的现金流出。另外，还有其他类型的投资活动产生的现金流入和现金流出，用现金流入减去现金流出就等于投资活动产生的现金流量净额。

筹资活动产生的现金流量等于筹资活动产生的现金流入减去筹资活动产生的现金流出。比如，公司吸收新股东的入股资金就是筹资活动产生的现金流入，向股东派发现金股利就是筹资活动产生的现金流出。另外，还有其他类型的筹资活动产生的现金流入和现金流出，用现金流入减去现金流出就等于筹资活动产生的现金流量净额。

把这三块的现金流量净额加总，就得到了公司在当期的现金净增加额。现在，你可能会发现，现金流量表实际上也是我们给企业拍摄的一段视频。这是怎样的一段视频呢？是基于收付实现制从现金的角度给企业拍摄的视频，它展示了企业在一段时期里现金的变化情况。

接下来，我们来看现金流量表和资产负债表之间有什么关系。从图1-1可以看出，期初资产负债表中的现金加上现金流量表中的现金净增加额，刚好等于期末资产负债表中的现金，这就是两张报表之间的关系。

现在我们已经知道，利润表和现金流量表都可以和资产负债表挂起钩来，那么利润表和现金流量表之间是怎样的一种关系呢？回答这个问题要从现金流量表的编制方法说起。现金流量表的编制有两种方法，第一种方法是直接法，第二种方法是间接法。在直接法下，我们需要先确定哪些业务有现金流入和流出，再去分辨每一笔业务是经营活动、投资活动还是筹资活动，按照经营活动产生的现金流量、投资活动产生的现金流量、筹资活动产生的现金流量将这些现金流入和流出进行分类，逐笔填列后编制现金流量表。在间接法下，编制现金流量表从净利润开始，加上一些调节项目，达到经营活动产生的现金流量净额之后，再加上投资活动和筹资活动产生的现金流量净额，最后算出当期现金净增加额。在间接法下，最关键的工作就是要把净利润调节为经营活动产生的现金净流量。

表1-4是贵州茅台2018年现金流量表的补充资料，它向我们展示了利润表到现金流量表的调节过程和二者之间的关系。从表中信息可以看出，在净利润的基础上加加减减调节项目，可以算出经营活动产生的

现金净流量。这些调节项目可以分成三类。第一类是项目的发生会影响净利润，但是不会影响现金流。比如固定资产折旧会使得企业利润减少，但是不影响现金流，这一项金额要在净利润的基础上加回来。第二类是项目的发生不会影响净利润，但是会影响现金流。比如，应收账款的减少会使得企业发生现金流入，但是不影响净利润，这一项金额也要在净利润的基础上加回来。第三类是与筹资和投资有关的项目。比如，财务费用和投资损失要在净利润的基础上进行调节。这样，在净利润的基础上我们就可以调节出来经营活动产生的现金流量净额，再加上投资活动产生的现金流量净额和筹资活动产生的现金流量净额，算出当期的现金流量净增加额。

表1-4 贵州茅台2018年现金流量表补充资料

单位：元　币种：人民币

补充资料	本期金额	上期金额
1. 将净利润调节为经营活动现金流量：	37 829 617 756.81	29 006 423 236.00
净利润	1 289 685.01	-8 053 703.95
加：资产减值准备	1 084 662 728.58	1 035 052 733.45
固定资产折旧、油气资产折耗、生产性生物资产折旧	80 431 667.22	80 522 705.77
无形资产摊销	10 331 100.62	10 259 101.97
长期待摊费用摊销		
处置固定资产、无形资产和其他长期资产的损失（收益以"-"号填列）		
固定资产报废损失（收益以"-"号填列）	1 808 930.93	3 291 895.50
公允价值变动损失（收益以"-"号填列）		
财务费用（收益以"-"号填列）		
投资损失（收益以"-"号填列）		
递延所得税资产减少（增加以"-"号填列）	352 502 540.32	343 741 758.91
递延所得税负债增加（减少以"-"号填列）		
存货的减少（增加以"-"号填列）	-1 449 469 465.76	-1 435 229 550.91

(续)

补充资料	本期金额	上期金额
经营性应收项目的减少（增加以"-"号填列）	525 665 014.45	-458 728 523.99
经营性应付项目的增加（减少以"-"号填列）	2 948 394 448.54	-6 424 243 568.62
其他		
经营活动产生的现金流量净额	41 385 234 406.72	22 153 036 084.13
2. 不涉及现金收支的重大投资和筹资活动：		
债务转为资本		
一年内到期的可转换公司债券		
融资租入固定资产		
3. 现金及现金等价物净变动情况：		
现金的期末余额	98 243 288 299.54	74 928 080 750.58
减：现金的期初余额	74 928 080 750.58	62 794 794 812.99
加：现金等价物的期末余额		
减：现金等价物的期初余额		
现金及现金等价物净增加额	23 315 207 548.96	12 133 285 937.59

资料来源：贵州茅台 2018 年年度报告。

1.4　总结

　　会计是一种商业语言，也是一个信息系统，能够服务于价值投资。会计信息的载体是财务报表，主要为资产负债表、利润表和现金流量表。三张报表密不可分，相辅相成，缺一不可。可以说，财报分析是价值投资的起点和要害。

第 2 章

财报分析的重要性和常见方法

这一章中我们将重点关注三个问题：①为什么投资者需要学会财报分析；②财报分析有哪些常见方法；③财报分析有哪些注意事项。

2.1 为什么投资者需要学会财报分析

财报分析对资本市场的持续、健康和稳定发展非常重要，它是资本市场的过滤网和加速器。一份来自《21世纪经济报道》的资料显示，"放眼整个A股，2019年，有29家企业因'未通过''取消审核''暂缓表决'止步发审会和上市委会议。其中，19家直接遭到否决。梳理公告来看，毛利率、持续盈利能力、关联交易、核心竞争力、财务数据重大差异等成为监管关注焦点"。从这份资料可以看出，作为监管关注焦点的这些词语恰恰都是财报分析的专业术语。这表明在IPO阶段，财报分析可以帮助把好资本市场入口这道关。

那么,对于资本市场的存量企业,财报分析这张过滤网又将如何发挥作用呢?它的作用的发挥要借助于退市制度,二者协同一起把好市场出口这道关。通过财报分析能够发现有舞弊嫌疑的公司,当有舞弊嫌疑的公司引起监管部门和市场投资者关注后,监管部门将立案调查,投资者将"用脚投票"卖出手中的股票,公司股价下跌,直到退市。

财报分析这张过滤网,一方面能把那些想要登陆资本市场但目前还不太合格的企业挡在资本市场的大门之外,另一方面能把那些不适合继续留在资本市场发展的企业请出资本市场。这些企业被请出资本市场之后,从整个市场的情况来看,资本市场的生态环境会变得更好,剩下的企业质量也会变得更好。这些因素都会促进整个市场持续、快速、健康地向好发展。从这个角度讲,财报分析又是资本市场良性发展的加速器。

财报分析对于我们个人投资者来说也十分重要。我们可以借助财报分析寻找资本市场中的优秀企业,搭上企业价值创造的快车,开启财富的大门,实现财富增值。如果我们用好了财报分析这把金钥匙,那么很可能在几年前就会找到这样一家神秘的企业——贵州茅台。贵州茅台在2001年8月27日上市,股票发行价格是每股31.39元,最早的一批投资者因为获得多次现金分红,投资成本已经变成负数。图2-1是贵州茅台自上市以来至2019年9月的前复权股价走势图,图2-2是后复权股价走势图。在过去19年多的时间里,它的股价涨了200多倍。

看到贵州茅台的股价走势,相信很多人都会后悔为什么没有早点买贵州茅台的股票。其实,市场中优秀的企业绝不仅仅这一家,财报分析这把金钥匙可以帮助我们找到其他优秀的企业。比如,还有一家优秀的企业——佛山市海天调味食品股份有限公司（简称"海天味业"或"海天"）。海天味业在 2014 年 2 月 11 日上市，股票发行价格是每股 51.25 元，最早的一批投资者因为多次获得现金分红，投资成本已经变成 13.36 元。图 2-3 是海天味业自上市以来至 2020 年 1 月的前复权股价走势图，图 2-4 是后复权股价走势图。在近 6 年的时间里，它的股价涨了 7 倍多。

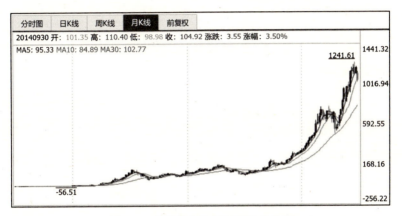

图 2-1　贵州茅台前复权股价走势图

资料来源：同花顺。

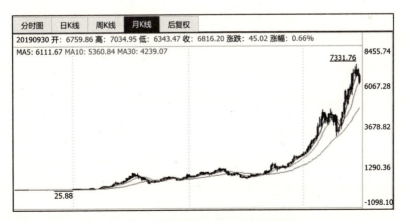

图 2-2　贵州茅台后复权股价走势图

资料来源：同花顺。

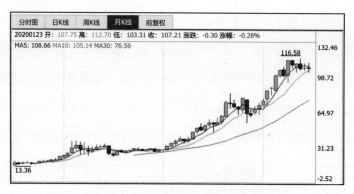

图 2-3　海天味业前复权股价走势图

资料来源：同花顺。

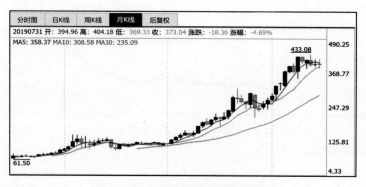

图 2-4　海天味业后复权股价走势图

资料来源：同花顺。

在寻找优秀企业的时候，你也许会感觉到过程比较艰辛，因为你需要阅读大量的财务报表，并对报表中的信息进行分析。更加艰辛的是，在还没找到一家优秀企业的时候，你可能就会碰到一颗或多颗"地雷"。例如，图 2-5 为上市公司 A 的股价走势图，图中显示的最高股价为 8.76 元，后来它的价格跌到了 1.22 元。再如，图 2-6 是另外一家上市公司 B 的股价走势图，图中显示的最高股价为 29.80 元，后来它的价格跌到了 9.10 元。

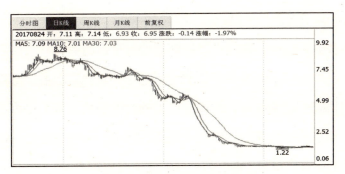

图 2-5 上市公司 A 的股价走势图

资料来源：同花顺。

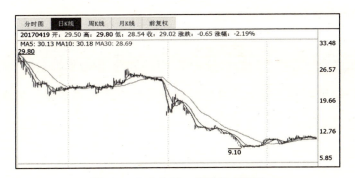

图 2-6 上市公司 B 的股价走势图

资料来源：同花顺。

这两家公司或许只是资本市场中"地雷阵"的一角。市场暗藏着投资陷阱，投资风险无处不在。如果经常关注资本市场，你就会发现频频传来爆雷的声音：有的公司业绩大幅下滑，有的公司连年亏损，有的公司发生财务舞弊，有的公司即将退市。可以说，每一次雷声响起，都能在资本市场中引起轩然大波，而每一次公司退市，都是一部中小股东的血泪史。如果在百度搜索栏中键入"退市+股东"的关键词，你将会浏览到这些描述中小股东心理活动和情绪的词语：辗转反侧、以泪洗面、彻底死心、无力回天、彻夜难眠、何去何从、困守、焦急等待、出逃、末日狂奔、欲哭无泪、悲痛欲绝、哭惨了……

在投资陷阱面前，我们是否只能被动地坐以待毙呢？当然不是！我们能做的是牢牢抓住财报分析这把金钥匙——在风险面前，这把金钥匙会摇身变成我们的保护伞和避雷针。借助财报分析，我们可以及时探测到资本市场中的"地雷"在哪里，风险在哪里。一言以蔽之，财报分析能够为我们的投资保驾护航，帮助我们驶往成功的彼岸。

2.2 财报分析的常见方法

要想成为一名优秀的财报分析师，我们不但需要掌握财报分析方法，更要用好这些方法。那么，常见的财报分析方法有哪些呢？常见的分析方法包括结构分析法、比率分析法、趋势分析法、比较分析法、综合分析法，等等。

结构分析法是把总量分成若干部分，计算每一部分占总量的比例，常常用于一张报表的内部结构分析。比如，我们可以对资产负债表进行结构分析，以总资产作为总量，计算出应收款项[⊖]占总资产的比重是多少、存货占总资产的比重是多少、固定资产占总资产的比重是多少，等等。我们也可以对资产负债表右边的负债进行结构分析，比如，流动负债占负债总额的比重是多少、有息负债占负债总额的比重是多少、非流动负债占负债总额的比重是多少。对于利润表，通常我们以营业收入为总量，计算出主营业务收入占营业收入的比重、其他业务收入占营业收入的比重、销售费用占营业收入的比重、管理费用占营业收入的比重，

⊖ 即"应收票据及应收账款"。

等等。此外，我们可以对成本、利润、现金流量的结构进行分析。

表 2-1 展示了在结构分析法下贵州茅台的资产结构。其中，流动资产占总资产比重为 86.25%，非流动资产占总资产比重为 13.75%，货币资金占总资产比重为 70.11%，存货占总资产比重为 14.71%，固定资产占总资产比重为 9.54%。在结构分析法下，贵州茅台的资产结构一目了然。

表 2-1 贵州茅台资产负债表结构分析

贵州茅台资产负债表
2018 年 12 月 31 日

（金额单位：万元）

资产	金额	比例（%）
货币资金	11 207 479	70.11
应收票据	56 374	0.35
预付款项	118 238	0.74
其他应收款	39 389	0.25
存货	2 350 695	14.71
其他流动资产	14 008	0.09
流动资产合计	13 786 184	86.25
发放贷款及垫款	3 608	0.02
可供出售金融资产	2 900	0.02
固定资产	1 524 856	9.54
在建工程	195 432	1.22
无形资产	349 918	2.19
长期待摊费用	16 841	0.11
递延所得税资产	104 929	0.66
非流动资产合计	2 198 484	13.75
资产总计	15 984 667	100.00

注：因四舍五入的缘故，本书财务报表中的合计（总计）数有所差异。
资料来源：贵州茅台 2018 年年度报告。

比率分析法是选取财务报表中的两个科目，将两个科目相除得出一个比率。这两个科目可以源于同一张报表，也可以源于两张不同的报表。比率分析法常常用于分析一家企业的能力。

比如，分析企业盈利能力时，我们常常会用到毛利率、净利率、净资产收益率这些指标。其中，毛利率＝（（营业收入－营业成本）/营业收入）×100%，净利率＝（净利润/营业收入）×100%，净资产收益率＝（净利润/净资产）×100%。

分析企业偿债能力时，我们常常会用到流动比率、速动比率、资产负债率这些指标。其中，流动比率＝流动资产/流动负债，速动比率＝速动资产/流动负债，资产负债率＝（负债/总资产）×100%。

分析企业营运能力时，我们常常会用到应收账款周转率、存货周转率、总资产周转率这些指标。其中，应收账款周转率＝营业收入/应收账款期初和期末平均余额，存货周转率＝营业成本/存货期初和期末平均余额，总资产周转率＝营业收入/总资产期初和期末的平均值。

分析企业成长能力时，我们常常会用到收入增长率、净利润增长率、总资产增长率这些指标。收入增长率＝（（本期收入－上期收入）/上期收入）×100%，净利润增长率＝（（本期净利润－上期净利润）/上期净利润）×100%，总资产增长率＝（（本期期末总资产－上期期末总资产）/上期期末总资产）×100%。

图 2-7 展示了宝钢股份 2007～2017 年每年的毛利率，最高值为 14.82%，最低值为 7.46%。

趋势分析法是按照时间顺序分析一家企业的财务指标变化趋势，又称为纵向分析法。这种方法将企业的现在和过去进行对比。图 2-8 展示了贵州茅台 2007～2017 年的净利润情况，我们可以看到其呈现出稳步上涨态势。

图 2-7　宝钢股份毛利率

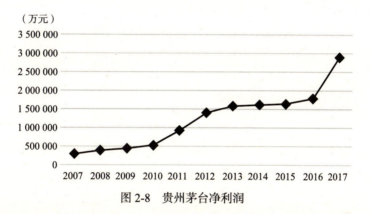

图 2-8　贵州茅台净利润

比较分析法是将企业的财务指标与其他企业的进行比较，既可以与同行业竞争者的指标进行比较，也可以与同行业的平均水平进行比较。比较分析法有利于发现企业的优势和不足，为企业扩大领先优势和弥补不足指引方向。图 2-9 展示了上海机场和深圳机场营业收入的比较情况，上海机场的营业收入远远高于深圳机场。

综合分析法是综合运用以上方法对公司财务信息进行分析，并结合公司所处环境特点、所属行业特征、自身经营管理情况等方面的非财务信息做进一步分析，财务信息与非财务信息互相进行核验印证。从不同角度对企业开展的综合性分析会提高财报分析结论的可靠性。

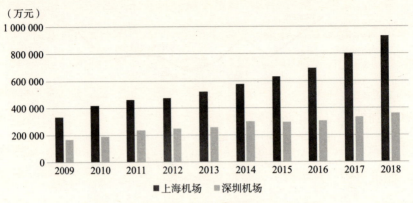

图 2-9　上海机场和深圳机场营业收入比较

2.3　财报分析的注意事项

在正式展开财报分析的内容之前，我们需要和读者朋友分享几个注意事项。

第一，在分析财务报表之前需要关注一下公司的主营业务是否发生变更。如果公司在分析的时间区间里主营业务发生重大变更，将对分析工作产生直接影响。例如，顺丰控股在 2017 年 2 月借壳鼎泰新材登陆 A 股市场。借壳前，鼎泰新材的经营范围是生产和销售稀土多元合金镀成的丝绳、弹簧、交通安全设施产品，以及安装、自营或代理各类商品和技术进出口业务。顺丰控股借壳上市后，该公司的业务范围发生重大变更，变成以供应链管理、资产管理、资本管理和道路普通货物运输等为主。如果在分析过程中直接对数据进行分析，而不去考虑业务的重大变更，分析得到的结论的有用性值得商榷——从某种意义上来说，这家公司在被借壳前后属于不同行业的公司。

第二，分析一家公司在行业里是具有领先优势还是处于落后地位时，行业范围的确定非常重要。我们不能把行业范围定得过于宽泛，比如，制造业下面还有很多细分制造业，食品饮料类制造业、汽车制造业、医药制造业、金属类制造业等，虽然它们都属于制造业，但是细分行业之间的差别很大，一家食品饮料制造业的公司和一家汽车制造业的公司的财务报表完全不同。在选择按行业进行对比分析的时候，要尽量细分行业；如果分析贵州茅台，就要将其和白酒行业的公司进行对比，不要和啤酒或葡萄酒行业的公司进行对比。在细分行业的基础上，如果需要了解所分析的公司在相对更广泛的行业大类或整个市场中的竞争力情况，则可以进一步扩大比较范围。

另外，在选择与行业平均水平进行对比的时候，涉及如何确定平均水平的问题。比如，在分析贵州茅台的盈利能力领先行业平均水平多少时，我们需要将白酒行业所有公司的盈利能力指标按照从小到大的顺序排列，选择中位数作为行业平均水平——中位数能够很好地规避极端值的干扰。

第三，选择分析的时间区间也很重要。为了尽可能消除偶然因素和突发事件对公司的影响，应选择5～10年的数据，5～10年的数据更能显示出公司是一个好公司还是差公司。

第四，建议优先关注专业机构已经筛选出来的公司。例如，上海交通大学中国企业发展研究院发布的"2019～2020年度中国上市公司竞争力百强榜单"（https://iced.sjtu.edu.cn/h/fb/），或者北向通资金的持股名单（http://data.eastmoney.com/hsgtcg/list.html）、社保基金的持股名单，等等，也许我们喜欢的公司就在这些名单中。在此基础上，我们可以进一步对其中感兴趣的公司进行更深入的研究。

2.4 总结

在开展价值投资的过程中，投资者需要进行财报分析。财报分析能够帮助价值投资者提高收益、降低风险。常用的财报分析方法包括结构分析法、比率分析法、趋势分析法、比较分析法、综合分析法，等等。熟练掌握财报分析方法，是开展价值投资的前提。

第 3 章

什么是好行业和好公司

相信现在的你一定会同意我们的观点：财报分析对于我们来说实在太重要了。接下来我们将系统阐述如何通过财报分析去寻找资本市场中的好公司，同时防范危险公司。这个过程我们称为"找牛股"和"挖地雷"。

目前中国 A 股市场上有约 4000 家上市公司，这些上市公司中有的是可以基业长青的好公司，有的是徘徊在退市边缘的危险公司。作为一名股票投资者或者潜在投资者，你将拥有约 4000 个可选择的投资标的和无数个投资组合。要想成为一个优秀投资者，在追求高收益的同时必须重视对风险的控制。只有这样，才能使得收益最高、潜在损失最小。

我们总是希望通过财报分析寻找到一家好公司，一家其股票在未来有潜力成为一只大牛股的公司。这个寻找的过程通常是富有挑战性的，因为市场中存在很多投资陷阱，我们必须借助财报分析来识别危险的公司，并且及时避开这些公司，这样才能够让我们的投资变得相对安全。

3.1　好行业和好公司的标准

在"找牛股"和"挖地雷"的过程中，我们要注重对行业和公司基本面的分析。好的行业未必总是出好的公司，然而好的公司通常出自好的行业。

在价值投资者眼里，怎样的行业才是好的行业呢？好的行业预期会给价值投资者带来可观的投资回报，它们需要具有以下特征：行业市场空间广阔、行业周期性比较弱、行业内竞争格局较为明朗。好的行业通常顺应了一个国家所处的时代背景、基本国情和发展趋势。比如，在未来很长一段时间，经济规模日益增长但经济增速放缓、经济的转型升级和动力转变、人均GDP从发展中国家水平向中等发达国家水平迈进、经济的地区集聚和地区间不平衡、逐渐老龄化的人口大国、持续推进的改革开放等基本国情和趋势在很大程度上决定了我国各行各业的前景。

行业市场空间可以用营业收入来度量，主要取决于行业产品的消费者规模大小、重复消费的次数多少和产品销售价格高低。消费者规模越大、重复消费的次数越多、产品的销售价格越高，行业的营业收入就越多，市场空间也就越广阔。在消费者规模既定的情况下，提高重复消费的次数和产品的销售价格是扩大市场空间的有效途径。此外，如果行业能够不断开发增量市场来提高营业收入，那么行业的成长性就会较好；反之，如果行业的规模增长已经遇到瓶颈，很难再扩大市场空间提高营业收入，那么行业的成长性就会较差。

行业周期性表示行业受国内或国际经济波动影响的程度。周期性强的行业，其产品价格波动明显，周期性弱的行业，其产品价格波动较小。周期性较弱的行业，其产品需求比较稳定，例如与百姓生活息息相关的行业，包括食品饮料和医药行业，等等。周期性较强的行业，其产品需求受经济波动影响明显，例如房地产、机械、钢铁、电力行业，等等。

行业内竞争格局会影响整个行业的盈利情况。如果一个行业内竞争者数量众多，无序竞争情况明显，企业要想突围不被淘汰可能会发起价格战。企业之间竞相压低价格争抢客户，竞争趋于白热化，会导致行业的利润率大大降低。由于商业模式和技术上的创新，行业竞争格局还可能受到行业外的可替代性的影响，一些行业可能会被行业外部的创新者攻入。相反，如果行业内外部的竞争格局明朗，龙头企业优势地位明显，拥有较强的市场定价权和维护市场秩序的力量，其他企业跟随龙头企业参与有序竞争，在这种行业格局下，各家企业在自己擅长的细分市场深耕细作，企业间相安无事，行业整体盈利水平较为可观。

图3-1是韭菜说投资社区给出的一份中国A股市场行业分类图。这张图把A股市场行业分为四类，分别是：①"高增长＋很稳定"行业，包括消费、医药、医疗、创新药、食品饮料、白酒、家电等行业；②"高增长＋不稳定"行业，包括TMT、5G、互联网、券商、半导体、新能源等行业；③"低增长＋不景气"行业，包括煤炭、纺织、能源、交运、化工、钢铁、有色等行业；④"高股息＋低增长"行业，包括机械设备、电力、银行、金融、地产、保险等行业。通常而言，"高增长＋很稳定"行业牛市涨得多、熊市跌得少；"高增长＋不稳定"行业牛市涨

得多、熊市跌得多；"低增长＋不景气"行业牛市涨得少、熊市跌得多；"高股息＋低增长"行业牛市涨得少、熊市跌得少。虽然这张图的严谨性值得进一步推敲，行业特点也未必一成不变，但应该说这张图非常形象地概括了A股上市公司的行业特点。

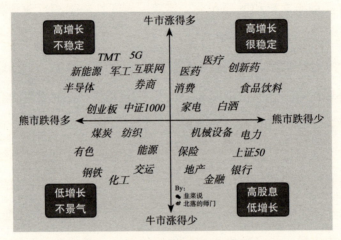

图3-1　中国A股市场行业分类图

资料来源："韭菜说投资社区"公众号，经作者编辑。

对于价值投资者而言，其毫无疑问要追求稳定且高增长的行业和公司。我们需要从宏观的基本国情（比如人口规模、老龄化、人均GDP所处阶段等及其未来趋势）出发，仔细辨别具有稳定且高增长特性的行业，从中选择优秀的公司长期为伴。高增长但不稳定的行业实际上可能没有那么差，甚至是未来的新兴行业，但是，科技日新月异，行业中的公司竞争激烈，如果要投资这些行业，我们则要更加小心谨慎地进行研究，选择其中具有护城河的公司，防止投资收益的大起大落。巴菲特之所以长期对科技行业保持警惕，不轻易进入，甚至错过了大量牛股，也是出于这样的考虑。对于那些不能够实现高增长的行业，我们要尽可能回避，或者更加谨慎地精挑细选其中具有高增长特性的公司。

接下来要回答的问题是,在价值投资者眼里,怎样的公司才是好公司呢?简单而言,好公司必须有核心竞争力。核心竞争力就像护城河一样,保护公司不受竞争者围攻和侵扰。核心竞争力越强,护城河越宽越深,公司盈利增长的安全性就越高,盈利增长的持久性就越强。核心竞争力可以源于公司拥有的知名品牌、特殊的生产工艺、垄断的特许经营权、规模经济带来的低成本优势、独特的地理位置、凸显的资源优势、高黏性的客户群体、完善的销售网络,等等。核心竞争力使得公司的产品具有不可替代性或者具有低成本优势。不可替代性使得公司的产品供不应求,从而使公司拥有较强的产品定价权,而低成本优势可使公司的产品销售价格低于竞争对手,二者都能够给公司带来持续的利润增长——公司不断增长的利润(价值)才是价值投资者获取长期稳定的投资收益的根本来源。

3.2 海天味业的行业和公司基本面情况

我们选取了 A 股市场中调味品行业的海天味业作为案例分析对象,从价值投资需求出发全面解读财报分析过程。为了更好地展示这一过程,我们还选择了同在调味品行业的以生产和销售味精为主的某味精公司(以下简称 AB 味精公司)作为参照,将两家公司进行对比分析。

海天味业,全称是佛山市海天调味食品股份有限公司。你也许没有听过它的全称,但是很可能见过它的产品。如果喜欢闲逛超市,那么你有没有发现海天的产品已经占据了调味品货架的半壁江山?如果喜欢观看《最强大脑》《跨界歌王》《吐槽大会》或《奇葩说》这些综艺节目，那么你有没有发现海天在这些节目里投放了大量的广告？你可能看到了海天味极鲜的广告、海天蚝油的广告，你也有可能看到了海天拌饭酱的广告。海天是谁呢？海天是怎样的一家公司？如果你带着这个问题问你的妈妈或者太太，也许她会毫不犹豫地说："海天？？？就是我们家厨房里的那一瓶酱油呀！"

没错！海天就是这样的一家公司，它是以生产、销售酱油起家的。在你享受妈妈或太太亲手烹饪的各种美食时，可曾想过餐盘中美味的由来？可曾想过海天的股价这些年走势如何？美味也许来自海天的生抽，也许来自它的蚝油，也许来自它的料酒，也许来自它的黄豆酱。可以说，海天是从厨房里走出来的一只大牛股。自上市以来，短短5年多时间里，它的股价已经涨了7倍多。那么，为什么海天的股价会涨这么多呢？接下来我们就一起从财务角度解读海天，探寻这家公司价值创造的秘密。

拿破仑说过一句话，"不想当将军的士兵不是好士兵"。结合财报分析，我们可以说，不了解公司情况的财报分析师不是一个好的财报分析师。我们要了解海天，需要从阅读它的年度报告开始。

表 3-1 展示了海天味业的简介。其后为海天味业的经营情况介绍。

表 3-1 海天味业简介

简称	海天味业
中文名称	佛山市海天调味食品股份有限公司
法定代表人	庞康
注册地址和办公地址	广东省佛山市文沙路 16 号
股票种类	A 股
股票代码	603288
上市交易所	上海证券交易所

1. 主营业务情况

报告期内，公司的主营业务未发生变化，依然坚持主业，坚持调味品的生产和销售，并在调味品行业内实施相关多元化，产品涵盖酱油、蚝油、酱、醋、鸡精、味精、料酒等调味品。多年来公司调味品的产销量及收入连续多年名列行业第一，其中酱油、调味酱和蚝油是目前公司最主要的产品。海天酱油产销量连续22年稳居全国第一，并遥遥领先。品种覆盖高中低各个层次、各种口味和多种烹调用途，其中不乏畅销多年深受消费者熟悉的主流产品，有众多引领消费升级的高端酱油，也有经济实惠的大众产品。蚝油历史悠久，技术领先，销量处于绝对领先地位，随着市场网络的逐步深入和海天蚝油良好的独特风味，海天蚝油呈现出从地方性向全国化、从餐饮向居民的快速发展势头。海天调味酱处于领先地位，调味酱品种众多，一酱一特色，货真价实，深受消费者欢迎。报告期内，公司主营业务稳健发展，产品竞争力进一步提高，公司综合盈利能力进一步提升。㊀

2. 行业发展现状

中国调味品行业的"油、盐、酱、醋"等是老百姓"衣食住行"中最基本的刚性需求，2017年中国调味品协会的统计数据显示，调味品行业的营业收入就已超过3000亿元，调味品行

㊀ 摘自海天味业2018年年度报告。

业品种丰富，种类繁多，需求旺盛，调味品行业发展稳定而繁荣。报告期内，调味品行业依然在创新中努力前行，供给侧改革、乡镇振兴计划等国家发展战略使市场内需扩大，给企业发展带来了政策红利，公司的发展也受益于这个大背景。报告期内，调味品行业机遇与挑战并存，人民生活水平日益提高，对调味品的需求增加，而各种新型的销售业态迅猛发展也给企业的销售管理提出了更高的要求，但是调味品企业迎难而上，以创新为驱动，在产品、市场、渠道等方面不断取得新的突破，从而保证了整个调味品行业的平稳发展。近10年，调味品行业品牌企业日益强大，品牌企业的市场份额进一步提高，产业集中度也有了明显的变化。行业正处于产品不断细分、市场不断集中的成长阶段。未来几年，随着在科研、技术、设备、工艺等方面的不断投入，品牌企业将开发出更多新产品以满足消费者日益提升的烹饪需求，行业也将在中国人口红利、经济发展、税改红利等多方面的影响下，继续保持稳定而健康的发展。⊖

3. 行业格局和趋势

中国调味品行业是一个充分竞争的行业，作为一个和老百姓生活密切相关，与中国饮食文化紧密联系的行业，其产品需求是老百姓"衣食住行"中最基本的刚性需求，因此在中国，调味品的品种丰富，种类繁多，需求量较大，为调味品行业稳定而繁荣带来了发展动力。近10年来，调味品行业品牌企业

⊖ 摘自海天味业2018年年度报告。

日益强大,品牌产品的市场份额进一步提高,产业集中度也有了明显的变化。行业前5大品牌市场份额逐年提升,销售网络逐年增加。随着目前消费者需求的不断提升,行业正处于产品不断细分、市场不断集中的高速成长阶段,加之餐饮业的发展,也带动了调味品需求市场的不断扩张,消费量稳步增长。在未来几年中,随着家庭和餐饮消费升级、更多新品种引导消费以及健康意识的提高,人均调味品的消费支出会稳步提高。行业中技术领先的品牌企业会更多地依靠科学技术,通过科技研发、设备投入进一步保障产品质量和食品安全;通过采用新工艺、创造新产品,不断满足消费者的烹饪需求。因此,行业将在中国人口红利、经济发展红利等多方面的影响下,继续保持稳定而健康的发展。⊖

4. 公司发展战略

坚定做专、做强调味品主业的发展方向,利用自身优势进一步巩固行业地位和市场引领,以品质为本,守拙择善,务实创新,致力于让更多人用上高品质的海天产品,打造受人尊敬的国际化食品集团。㊀

5. 经营模式及运作策略

(1) 采购模式。公司采购模式重点体现在专业和集中两方面,公司设有专职采购部门,配备专业的人员,实施集中采

⊖㊀ 摘自海天味业2018年年度报告。

购，在管理系统上，通过ERP系统进行采购管理，使公司整体供应链系统严密而高效。采购部门与使用部门之间形成目标一致的供应链上下游关系，根据生产计划确定最佳的采购计划，有效降低资金占用；通过稳定的采购量和灵活的定价策略，降低采购成本；通过坚持与品牌供应商合作，不断提升采购质量。

（2）生产模式。公司基本以"销量+合理库存"来确定产量；生产过程通过智能化、自动化运作，保证食品安全和提高生产效率；通过信息化、大数据等控制整个生产过程，确保产品品质。公司多年来基本实现产销同步，产能利用率维持在较高水平。

（3）销售模式。公司主要采取以经销商为主的销售模式，最大化覆盖市场终端和体现共赢；采用"先款后货"的结算方式，有力保障公司充裕的现金流以及防止坏账的发生。每一年销售策略均持续优化，逐步建立了适合自身发展的销售模式。

（4）生产工艺流程。公司所生产的酱油、黄豆酱等产品均坚持采用传统酿造工艺，坚持采用天然发酵，因此产品发酵周期长，生产工艺流程复杂。从选择原材料开始，就严格要求，精选优质的原材料，在每个生产环节都需通过严格的检验后才可进入下一生产流程，确保产品健康、美味、安全。

酱油生产工艺流程：原料检测—原料蒸煮—制曲—天然发酵—物理压榨—灭菌澄清—成品生产—成品检验—产品包装—产品检验—包装入库。

蚝油生产工艺流程：原料检测—原料处理—配料煮制—成品检验—产品包装—产品检验—包装入库。

黄豆酱生产工艺流程：原料检测—原料蒸煮—制曲—天然发酵—配料煮制—成品生产—成品检验—产品包装—产品检验—包装入库。

（5）品牌策略。公司采用主品牌＋子品牌的单品牌策略，建立了以产品为核心的品牌体系，通过主品牌来统领整个产品系的发展，通过子品牌来区分产品系列。公司始终将品牌建设放在公司重要战略层面，每年通过固定的品牌投入提升品牌知名度，凭借多年的产品口碑、品牌传播和渠道建设，公司树立了健康、安全、专业、值得信赖的良好品牌形象，获得了市场和消费者的广泛认可。⊖

6. 可能面临的风险

（1）食品安全风险。随着国家对食品安全的日益重视和消费者食品安全意识以及权益保护意识的增强，食品质量安全控制已经成为食品加工企业的重中之重，公司在各个经营环节严格执行质量控制，尽管如此，公司仍然存在质量安全控制方面的潜在风险。

（2）原材料价格波动风险。黄豆、白糖等农产品是公司产品的主要原材料，其价格主要受市场供求等因素的影响。如果原材料价格上涨幅度较大，将有可能对产品毛利率水平带来一

⊖ 摘自海天味业2018年年度报告。

定影响。

（3）行业景气度下降风险。虽然调味品是刚性需求较强的产品，但易受餐饮不景气、食品加工业下滑等因素的影响。大众消费品的增速也有可能面临下行的风险，但同时会有利于行业整合。

（4）公司技术人员不足或流失带来的风险。公司经过长期发展和业务积累，已经形成了稳定的研发团队，积累了多项核心技术，而随着经营规模不断扩张，必然会增加对技术人才的需求，因此公司将面临技术人才不足的风险。[⊖]

现在我们再了解一下海天豪华的产品阵容。如果来到海天的京东自营店，你会发现产品展区按大类分为酱油区、酱品区、醋品区、蚝油区、料酒区、特色调料区，每个产品大类中又包括若干产品细类，例如酱油区包括味极鲜酱油、特级酱油、金标酱油、老抽酱油、风味酱油、生抽酱油、老字号酱油等，其他产品大类也呈现类似特点，产品规格不尽相同，产品种类非常丰富。海天处于食品饮料制造行业—食品加工行业—调味品发酵品赛道，这个赛道一共有11家上市公司，另10家公司是日辰股份、中炬高新、天味食品、恒顺醋业、千禾味业、安记食品、星湖科技、加加食品、莲花健康、佳隆股份。通过阅读这11家公司2018年的年度报告，你会发现，不论是在净利润、营业总收入、总资产、总股本这些绝对指标方面，还是在每股收益、每股现金流、净资产收益率这些相对指标方面，海天味业都是稳坐行业的第一把交椅，尤其是在规模

⊖ 摘自海天味业2018年年度报告。

上，海天遥遥领先其他竞争者。

你也许会很奇怪，海天凭借怎样的优势成就了它的龙头地位呢？是它的管理水平特别先进吗？是它的品牌特别强大吗？是它有秘密生产配方吗？还是它有完善的销售渠道或者有成功的发展战略？这些问题都困扰着我们。为了寻找这些问题的答案，我们可以继续阅读海天的年度报告。

7. 核心竞争力

报告期内，公司的企业管理、销售渠道、产品技术、品牌影响力四大核心竞争优势持续增强。

（1）卓越的企业管理能力。多年来对管理精益求精的追求，使精细化的管理水平成了公司的核心竞争力之一，因为作为专业的调味品公司，做好管理是一项较大的挑战，需要多年的经验累积和不断创新的管理方式，因此需要在生产技术上不断突破，在生产管理上不断完善，也需要不断加强工匠团队建设，用心才能做出精品。海天利用大数据、互联网和内部的企业管理系统，做到从一粒黄豆进入厂区到产品出厂，使每一瓶海天产品后面都有一个大数据，全程利用设备和信息化技术进行跟进和分析，确保产品全程可追溯。同时，针对调味品公司管理中最难的供应链管理环节，公司通过多年的管理经验累积，不断地通过优化订单计划模式、产能挖潜等措施，全面实现生产和销售均衡，提高内部资源和外部资源充分整合产生的效率竞争力，实现供应端、生产端、销售端的良性互动发展。

（2）持续精耕的销售渠道。公司拥有全国性的销售网络，目前海天的网络已100%覆盖了中国地级及以上城市，在中国内陆省份中，90%的省份销售过亿，通过多年的精耕，覆盖率逐年提升，覆盖范围与销售额增长基本同步。报告期内，公司通过进一步落实渠道管理的多项措施，稳定了经销商的经营，完善了经销商的产品结构，使整个销售渠道的发展更加健康，渠道的健康发展也为未来的市场拓展和品类的发展奠定了坚实的基础。与此同时，公司线上业务也快速发展，从而使电商平台和传统渠道有效的结合，巩固了公司在渠道和终端上的竞争优势。

（3）持续领先的产品技术。公司的酱油、酱等多个品类的产品都是通过传统的天然发酵技术酿造生产的，海天所掌握的核心酿造技术成为公司的另一个核心竞争优势，为了保持产品的独有风味，公司始终坚持传统的生产工艺，坚持天然阳光晒制，将传统工艺技术与现代科技相结合，确保春夏秋冬每个批次的产品风味一致，用科技来保障产品的食品安全、口感美味、质量稳定。因此，在海天产品体系中既不乏金标生抽、草菇老抽这样畅销60多年经久不衰，依然保持着增长活力的产品，也不乏味极鲜、黄豆酱等满足消费者对新口味的追求，保持发展后劲的后起之秀。

（4）高美誉度的品牌优势。公司凭借自身强大的品牌、产品、渠道、科研实力，树立了健康、安全、诚信、专业的品牌形象，并获得了市场和消费者的广泛认可。报告期内，公司持续推进品牌发展战略，品牌影响力进一步提升。在2018年中国品牌价值百强榜上，海天品牌价值超过200亿，成为调味品行业唯一上榜企业。2018年凯度消费者指数发布了《2018年全球品牌足迹报告》，海天再入"中国市场消费者首选十大品牌"并排名第4。公司在持续加快企业发展速度的同时，夯实企业发展的实力，建立了较强的品牌领先优势。

（5）企业可持续发展的战略布局。报告期内，公司继续做好企业持续发展的战略布局，在产品结构、产能规划、组织架构、人力资源等多方面进行改革创新，全方位提升企业的竞争优势，推动公司业务稳步发展。报告期内酱油、蚝油、发酵酱等多个品类的市场规模处于领先甚至绝对领先的领导位置，奠定了企业后继发展的基础，有效降低了发展风险。同时，公司继续加大生产基地的产能改造，在公司的"三五"计划中可再次释放超过100万吨以上调味品生产能力，而且江苏工厂顺利投产且运行产能持续加大，公司始终领先一步的产能配套，为市场的稳定发展提供了产能保障。㊀

8. 管理团队

表3-2向我们展示了海天味业管理团队的情况。通过阅读海天味业多个年度报告，我们发现，公司管理团队稳定，管理人员具备良好的行业专长和丰富的管理经验，管理团队构成合理。

㊀ 摘自海天味业2018年年度报告。

表 3-2 海天味业管理团队的情况

姓名	是否实际控制人	职务	性别	年龄（岁）	主要工作经历
庞康	是	董事长 总裁	男	62	曾任本公司前身佛山市珠江酱油厂副厂长，历任公司副经理、总经理、董事长兼总经理，现任公司董事长兼总裁
程雪	是	副董事长 常务副总裁	女	49	曾任公司企业策划总监、副总裁、董事，现任公司副董事长兼常务副总裁
黄文彪	是	董事 副总裁	男	51	曾任公司质检科副科长、质检部主任、产品研究中心主任、科技部经理、技术副总监、董事、技术中心总经理，现任公司董事兼副总裁
吴振兴	是	董事 副总裁	男	50	曾任公司营销总经理、公司职工代表监事、现任公司董事兼副总裁
叶燕桥	是	董事	男	49	曾任公司酱油车间副主任、厂办主任、酱油厂厂长、董事、生产中心总经理，现任公司董事
陈军阳	是	董事	男	43	曾任公司设备部主任、设备部经理、工程中心副总监，现任公司董事
朱滔	否	独立董事	男	42	现任暨南大学管理学院会计系、副系主任、MPAcc 教育中心主任、教授、博士生导师、广州注册会计师协会理事。公司第三届董事会独立董事
孙占利	否	独立董事	男	49	广东财经大学法学院教授，信息网络法治研究中心主任，兼任中国国际经济法学会理事、广州仲裁委员会仲裁员、南京仲裁委员会仲裁员。公司第三届董事会独立董事
晁罡	否	独立董事	男	51	华南理工大学工商管理学院教授，博士生导师，兼任广东省企业社会责任研究会秘书长、广东省人力资源研究会常务理事，公司第三届董事会独立董事
文志州	否	监事会主席	男	41	曾任公司厂办主任、副厂长、厂长、生产部经理、工程设备中心副总监兼基建部经理，现任公司监事会主席
陈伯林	否	监事	男	40	曾任公司酱油总厂车间主任、酱油厂技术副厂长、技术一部副经理、技术研发一部高级经济和资深食品工程师，现任公司监事
李金勇	否	职工代表监事	男	44	曾任公司营销主管、办事处主任、部经理、大区总监、中心总监，现任职工代表监事

(续)

姓名	是否实际控制人	职务	性别	年龄（岁）	主要工作经历
管江华	否	副总裁	男	45	曾任公司营业部主任、超市部副经理、营业部经理、营运副总监、储运办主任、营运总监、营销副总经理、营运总经理、助理总裁，现任公司副总裁
张永乐	否	财务总监	男	39	曾任公司财务部主任、资金部经理、财务部副经理、财务部经理、财务部高级经理，现任公司财务负责人
张欣	否	董事会秘书	女	43	曾任公司市场部主任、市场部经理、企划副总监、品牌副总监、品牌部高级经理，现任公司董事会秘书

资料来源：海天味业2018年年度报告。

9. 公司治理情况

公司严格按照《公司法》《证券法》《上市公司治理准则》等法律法规和中国证监会发布的有关上市公司治理的规范性文件的要求，不断完善股东大会、董事会、监事会等公司治理结构和内部控制制度。公司治理的实际情况基本符合中国证监会发布的有关上市公司治理的规范性文件要求，基本情况如下：

（1）股东与股东大会。公司股东大会严格按照《公司法》《公司章程》《股东大会》等法律规定程序召集召开，股东大会采取现场结合网络投票的方式进行表决，确保所有股东，尤其是中小股东充分行使表决权。公司控股股东、实际控制人认真履行诚信义务，未发生损害公司及中小股东权益的情形。

（2）董事与董事会。公司董事会的召集召开程序符合法律、法规的要求。公司董事积极出席公司召开的董事会和股东大会，熟悉有关法律、法规，了解作为董事的权利、义务和责任，维护公司全体股东的合法权益。

（3）监事和监事会。公司监事按照《公司章程》以及相关法律法规的规定，认真履行职责，对公司财务状况、关联交易事项、定期报告以及公司董事、高级管理人员履行职责的合法合规性进行监督，维护公司及股东的合法权益。

（4）信息披露。公司指定董事会秘书负责信息披露工作和投资者关系管理工作，严格按照法律法规和《公司章程》的规定，严格执行公司制定的《内幕信息知情人登记管理制度》等信息披露管理制度，真实、准确、完整、及时地披露有关信息，并确保所有股东平等享有公司信息的知情权。

（5）利益相关者。公司充分尊重和维护利益相关者的合法权益，努力实现股东、员工、社会等各方利益的协调平衡，共同推动公司持续、健康、稳定的发展。

公司严格按照《公司法》《证券法》和中国证监会有关法律法规的要求，不断完善公司法人治理结构，规范公司运作。报告期内，公司法人治理的实际状况符合《公司法》《上市公司治理准则》和中国证监会相关规定的要求，不存在差异。毕马威华振会计师事务所（特殊普通合伙）为公司出具了标准无保留意见的内部控制审计报告。⊖

通过上面的内容，我们了解了海天味业的公司简介、主营业务、行

⊖ 摘自海天味业 2018 年年度报告。

业发展现状、行业格局和趋势、公司发展战略、经营模式及运作策略、可能面临的风险、核心竞争力、管理团队、公司治理等信息，了解这些信息对于财报分析非常重要和必要。企业经营情况决定了财务报表信息，财务报表信息反映了经营情况。只有在了解这些信息之后，我们才能够透过数据表面来解读数据背后的故事。如果你想要更深入地了解海天味业的故事，推荐查阅海天味业官方网站的其他资料并观看相关的视频。

3.3 总结

成功的投资离不开对行业和公司基本面的深入分析。一个完整的财报分析框架，需要融会贯通行业及其背后的国情和国家发展趋势分析，公司的业务、产品和治理分析，以及财务报告分析。通过分析框架识别公司核心竞争力的来源和表现，并与日常生活体验相互印证，财报分析的可靠性将会大大提高。行业发展空间大、竞争格局明朗、基本面优良是好公司的必备特征。基本面优良包括简单易懂的商业模式、明确的公司发展战略、强大的核心竞争力、专业稳定的管理团队、完善的公司治理结构，等等。

第 4 章

公司持续盈利能力强不强：利润表分析

4.1 什么是利润表

利润表是一个宝贝，是一张反映公司在一段时间内的经营成果的报表，它可以告诉我们很多关于公司经营情况的信息。表 4-1 是海天味业 2018 年合并利润表。

表 4-1　海天味业 2018 年合并利润表

2018 年 1～12 月

单位：元　币种：人民币

项目	附注	本期发生额	上期发生额
一、营业总收入		17 034 475 127.23	14 584 310 896.60
其中：营业收入		17 034 475 127.23	14 584 310 896.60
利息收入			
已赚保费			
手续费及佣金收入			
二、营业总成本		12 131 005 269.24	10 561 100 402.42

（续）

项目	附注	本期发生额	上期发生额
其中：营业成本		9 119 051 026.25	7 920 728 043.51
利息支出			
手续费及佣金支出			
退保金			
赔付支出净额			
提取保险合同准备金净额			
保单红利支出			
分保费用			
税金及附加		189 988 335.01	159 108 075.40
销售费用		2 236 019 583.20	1 956 552 214.37
管理费用		245 553 857.78	205 047 912.89
研发费用		493 014 354.70	401 668 275.06
财务费用		-152 621 887.70	-82 004 118.81
其中：利息费用		595 082.65	1 813 895.55
利息收入		-153 024 789.67	-83 818 014.36
资产减值损失			
加：其他收益		46 370 750.36	43 088 674.62
投资收益（损失以"-"填列）		294 565 763.76	143 663 576.05
其中：对联营企业和合营企业的投资收益			
公允价值变动收益（损失以"-"填列）			
资产处置收益（损失以"-"填列）		-3 400 520.36	861 477.00
汇兑收益（损失以"-"填列）			
三、营业利润（亏损以"-"填列）		5 241 005 851.75	4 210 824 221.85
加：营业外收入		15 950.00	5 470 072.30
减：营业外支出		18 215 445.89	1 005 353.00
四、利润总额（亏损总额以"-"填列）		5 222 806 355.86	4 215 288 941.15
减：所得税费用		856 132 678.50	683 810 161.82
五、净利润（净亏损以"-"填列）		4 366 673 677.36	3 531 478 779.33

资料来源：海天味业 2018 年年度报告。

利润表显示，海天味业 2018 年全年实现营业总收入超过 170 亿元，2017 年约 146 亿元。营业总收入包括营业收入、利息收入、已赚保费和手续费及佣金收入。海天味业的营业收入金额等于营业总收入金额，说明其营业总收入来源非常单一，全部由销售商品实现的营业收入构成。接着往下看，营业总成本是121亿多元，营业总成本中营业成本91亿多元，税金及附加约1.9亿元，销售费用22亿多元，管理费用2亿多元，研发费用约5亿元，财务费用约-1.5亿元。如果把财务费用分解，我们可以看到，利息费用非常少，大部分都是利息收入。资产减值损失是0，其他收益一点点，投资收益也有约3亿元，资产处置收益有一点点（损失）。营业利润约52.4亿元，加上营业外收入减营业外支出，最后得出利润总额约52.2亿元，减去所得税费用后净利润约43.7亿元。

我们如何对这张利润表进行分析呢？分析时，我们主要关注两个问题：①优秀公司的利润表具有怎样的特征；②利润的质量如何判定。通过回答这两个问题，我们可以看出一家公司赚钱能力强不强。

4.2 优秀公司利润表的特征

在观察优秀公司的利润表具有怎样的特征时，我们可以先去观察利润表最下方的净利润。利润表的基本结构是：净利润＝收入－成本费用－所得税。作为利润表中综合性最强的一个指标，很多时候净利润能够向我们传递公司赚钱能力强不强的信息。但是，它也是一个容易让股东（尤其是不懂会计的中小股东）大喜大悲的一个指标。比如说，一个小股东可能在清晨看到一则财经新闻，他持有股票的公司净利润相比去年大幅增长了200%，这样的新闻也许会让他心花怒放。再比如说，另外一个小股东在清晨发现，一夜之间，他持有股票的公司净利润爆出巨幅亏损，这样的新闻也许会让他的心情跌入低谷。

那么，优秀公司的净利润通常会表现出怎样的特征呢？图 4-1 和图 4-2 向我们展示了海天味业自上市以来的净利润走势和增长率情况。2013 年净利润 16 亿多元，2018 年净利润 43 亿多元，净利润在此期间呈现持续、稳定上涨的态势，有没有感觉它好像一架起飞爬升的飞机？很多时候，一家优秀公司的净利润会表现出持续稳定向上增长的趋势。如果不相信的话，你可以去观察一下贵州茅台近 10 年的净利润走势，也是如此。如果一家公司的净利润在过去几年始终能够保持两位数以上的增长，那么它正在向我们表明：公司很可能在未来有不错的发展前景。我们喜欢这样的公司！

图 4-1 海天味业净利润

那些让投资者感到不安的公司，它们的净利润会表现出怎样的走势呢？图 4-3 是 AB 味精公司 2008～2018 年净利润的走势图。在过去 11 年间，AB 味精公司在 2009 年净利润最多，有 1.8 亿多元，有 5 个年度小幅盈利，有 5 个年度出现大幅亏损。尤其是在 2011 年、2013 年、2015 年和 2018 年，亏损金额均超过 3 亿元。另外，自 2010 年开始，AB 味精公司的净利润呈现正负交替的情况，忽上忽下，就好像一只蝴蝶的翅膀在上下扇动。根据监管规定，上市公司如果连续两年亏损，股票名称前将被冠以"ST"（特别处理），以此向投资者提示特别风险。AB味精公司自上市以来，股价大体上呈震荡走势，近几年来股价尤其低，最低股价是1.22元。海天味业和AB味精公司虽然同属于调味品发酵品行业这个赛道，但是净利润表现大相径庭。

图 4-2　海天味业净利润增长率

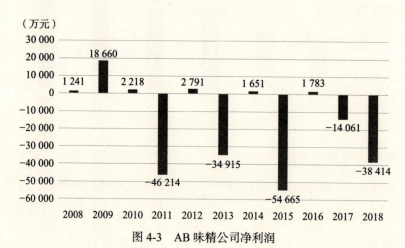

图 4-3　AB味精公司净利润

在利润表分析过程中，有一点需要特别强调，那就是利润的来源比利润本身的数值是多少更重要。我们在分析时要搞清楚利润是来自哪里。

利润来自公司的主营业务、其他业务,还是来自投资业务、非经营性业务?这些都是需要我们去厘清的问题。接下来我们按照利润表自上而下的顺序对利润表进行拆解式分析。

1. 营业收入

营业收入是企业销售商品、提供劳务实现的收入,海天味业的营业收入就是销售酱油等产品实现的收入。可以说,营业收入是利润的初始来源,也是很多优秀公司利润的主要来源。图4-4和图4-5向我们展示了海天味业2013～2018年营业收入走势和增长率情况。2013年营业收入是84亿多元,2018年营业收入是170亿多元。营业收入走势与净利润走势非常相近,呈逐年稳定增长的态势。如果把营业收入作为衡量公司规模的指标,那么在过去6年中,海天味业的规模在逐渐壮大。如果一家公司的营业收入相比上一年能够持续保持两位数以上的增长,甚至达到了20%以上的增长,我们会觉得这种增长非常可观。

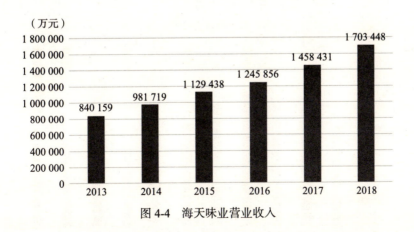

图4-4 海天味业营业收入

图4-6是AB味精公司2008～2018年营业收入走势图。2008年是

20亿多元，2011年是27亿多元，这段时间呈小幅增长。但是，2012年这种增长没有持续下去，而是出现了下滑——2012年下滑至25亿多元，而后逐年下滑，到2016年已经下滑至17亿多元。虽然营业收入在2017年有小幅增长，但是2018年继续下滑。可见，2012～2018年营业收入总体上呈下降趋势。

如果观察贵州茅台过去10年的营业收入走势图，你会发现，贵州茅台营业收入走势与海天味业十分相似，也是呈逐年稳定上涨趋势。现在，你有没有觉得优秀公司和落后公司的营业收入走势对比很鲜明呢？

图4-5 海天味业营业收入增长率

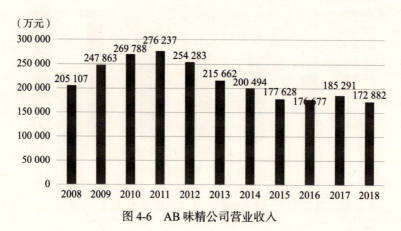

图4-6 AB味精公司营业收入

2. 营业总成本

我们继续向下看，来到利润表中的营业总成本。营业总成本包括若干项。第一项是营业成本，代表企业销售商品、提供劳务发生的费用。比如说，售价 100 元的 1 箱酱油，在生产过程中会用掉 50 元黄豆、食盐等原材料，还要付给生产工人工资 5 元，设备和厂房等需要折旧 10 元，那么 1 箱酱油的生产成本就是 65 元。当这箱酱油卖出去的时候，生产成本 65 元就会变成营业成本 65 元。在会计上，产品的生产成本包括料、工、费三项，也就是构成产品的材料成本、生产过程中的人工成本，以及生产过程中的机器设备和厂房等的损耗费用。有些费用与产品生产没有直接关系，比如企业管理部门、销售部门发生的费用以及企业融资活动发生的利息费用等，不计入产品成本，而是在利润表下面的管理费用、销售费用、财务费用等项目列示。

营业成本非常重要，良好的营业成本管理和控制会提高公司利润。分析营业成本时，需要分析它的特点、主要影响因素和变化趋势等。然而，更重要的是要把营业成本和营业收入进行对比分析。为此，我们会使用两个新的财务指标，分别是毛利润和毛利率。其中，毛利润 = 营业收入 − 营业成本，毛利率 =（毛利润 / 营业收入）×100%。

3. 毛利润和毛利率

毛利润是一家公司利润的起点。如果一家公司的毛利润比较高，那么在一定程度上，它可以比较"任性"地减去销售费用、管理费用、财务费用、资产减值损失和投资损失等费用和损失，减完后得到的利润很可能还是正的。但是，如果一家公司的毛利润本身就很少，说明它的利润起点非常低，如果再减去利润表中的费用和损失，无疑就是"雪上加霜"，减完后利润总额和净利润很可能是负的，公司就会发生亏损。

毛利率是在毛利润基础上发展出来的一个相对指标，是衡量公司产品或者服务盈利能力的一个非常关键的指标，它代表一家公司产品或者服务利润的丰厚程度，可以说明其产品或者服务是否具有竞争力。如果毛利率比较高，说明产品或者服务盈利能力强；如果毛利率比较低，说明产品或者服务利润薄、盈利能力差。放眼整个A股市场，不同公司的毛利率差别非常大；有的公司毛利率很高，甚至达到95%以上，有的公司毛利率却很低，低到小于5%。

为什么不同公司的毛利率差别会这么大呢？

第一个原因是，不同的公司对产品的定价权不一样。有的公司拥有强势的定价权，比如它的产品特别受市场追捧，或者产品性能特别好，或者产品生产具有技术壁垒或保密级、特殊的工艺和配方，或者公司拥有强大的品牌力量，这些因素都会使得公司的产品具有差异化特点，从而将竞争对手远远甩开。在定价方面，这样的公司能够比较"任性"地去提高产品的销售价格——在成本相对稳定的情况下，提价的直接结果就是毛利率的上涨。

第二个原因是，不同公司的单位产品营业成本不一样。公司对成本管理和控制得越好，单位产品营业成本越低，毛利率越高。规模大的公司生产的产品数量越大，在固定资产（厂房和机器设备）折旧费用等生产制造费用不随着产能而改变的情况下，单位产品分摊的制造费用就越少，产品销售时单位产品的营业成本也会越低，毛利率越高。这种情况在很多行业或公司都存在，也就是经济学上讲的规模经济：产能越大，经济效率越高。

第三个原因是，不同公司的产品结构不一样。一家公司如果想要提高毛利率，当它发现提高销售单价和降低单位营业成本这两条路都行不通时，还可以通过改变产品结构来提高毛利率。如果一家公司同时生产 A 和 B 两种产品，A 产品毛利率低，B 产品毛利率高，提高 B 产品销售收入占全部销售收入的比重会提高公司的整体毛利率。

实现高毛利率是很多公司梦寐以求的目标。毛利率越高，企业产品或服务的盈利能力越强。很多优秀的公司会实现比较高的毛利率，甚至非常高的毛利率。我们可以借助毛利率这个指标去寻找市场中有核心竞争力的优秀公司。那么，究竟一家公司的毛利率达到多少才可能是优秀的公司呢？通常来说，很多优秀公司的毛利率会大于等于 40%，并且会持续多年大于等于 40%。在选取投资标的时，我们倾向于寻找毛利率连续多年大于等于 40% 的公司。当然，不同的分析师设定的标准可能不一样。比如说，有的分析师认为毛利率持续多年大于等于 35% 就很不错。当然，也有分析师把门槛设置得更高，比如大于等于 45%——在他们看来，只有连续多年毛利率大于等于 45% 的公司才是值得他们进一步分析的公司。

图 4-7 向我们展示了海天味业 2013 ~ 2018 年的毛利率情况。2013 年毛利率为 39.23%，而后逐年提高，2018 年上升至 46.47%。海天味业毛利率的提高主要是由于最近几年产品结构的升级调整，公司不断推出高端产品，包括第一道头道酱油、零添加头道酱油、365 高鲜头道酱油、淡盐头道酱油，等等。这些产品的上乘品质对应着比较高的销售价格和毛利率。

图 4-7　海天味业毛利率

图 4-8 向我们展示了 AB 味精公司 2008～2018 年的毛利率情况。AB 味精公司在过去一些年中，毛利率远远低于海天味业。2008 年毛利率最高，是 15.79%，但依然远低于我们设定的标准——40%。2011 年毛利率最低，只有 0.24%。0.24% 的毛利率意味着什么呢？意味着 AB 味精公司每实现 100 元的营业收入，对应的毛利润只有 2 角 4 分钱，在 2 角 4 分钱的基础上再减掉各项费用和损失后很可能发生亏损。结合前面我们对净利润的分析，AB 味精公司在 2011 年确确实实发生了亏损，且亏损金额高达 4 亿多元。

图 4-8　AB 味精公司毛利率

通常来说，缺乏竞争优势的公司会拥有比较低的毛利率，并且毛利率会持续比较低。这里我们特别强调了"持续"两个字，它代表着多个年度。我们在财报分析中，只观察公司一个年度的数据是不行的，因为一个年度可能受到偶然事件和突发事件的影响。常言道，"路遥知马力，日久见人心"，在分析一家公司的竞争力时，我们通常需要观察至少5年的报表数据。只有通过连续性分析，我们才能更加清楚地看清公司本质，才能使得我们的分析结论更加可靠。

接下来，请你思考一个问题，我们国家A股上市公司约4000家，是不是所有公司的利润都非常丰厚呢？当然不是！实际上，AB味精公司已经向我们展示，市场中确实存在着利润非常薄的公司。这样的公司有多少呢？我们计算了2018年度整个A股市场全部公司的毛利率情况，并进行了区间统计。图4-9从毛利率这个侧面向我们展示了热闹纷繁的A股市场。2018年度，有40家公司毛利率小于0，317家公司毛利率介于［0，10%）[1]之间，830家公司毛利率介于［10%，20%）之间，902家公司毛利率介于［20%，30%）之间，665家公司毛利率介于［30%，40%）之间，367家公司毛利率介于［40%，50%）之间，204家公司毛利率介于［50%，60%）之间，136家公司毛利率介于［60%，70%）之间，80家公司毛利率介于［70%，80%）之间，42家公司毛利率介于［80%，90%）之间，26家公司毛利率大于等于90%。加总之后，我们发现，2018年有855家公司毛利率大于等于40%，而大部分公司毛利率小于40%。毛利率介于［20%，40%）之间，通常表明公司所在行业是充分竞争的，而毛利率小于20%，通常表明公司所在行业存在激烈竞争。

---

[1] ［0，10%）表示大于等于0且小于10%，后同。

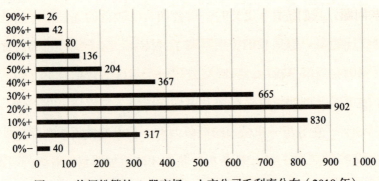

图 4-9 热闹纷繁的 A 股市场：上市公司毛利率分布（2018 年）

注：此类分布图的横坐标数值均指家数。纵坐标间距仅为示意之用，未必相等。

沿着图 4-9 的统计结果思考下去，我们也许有这样的疑问：每年 A 股市场中有多少家公司毛利率大于等于 40% 呢？图 4-10 向我们展示了统计结果。总体来看，2009 年以来，毛利率大于等于 40% 的公司数量呈现增长的趋势，这主要是上市公司总体数量增加所致。2018 年毛利率大于等于 40% 的公司数量已经达到 855 家，约占当年整个市场公司数量的 25%。

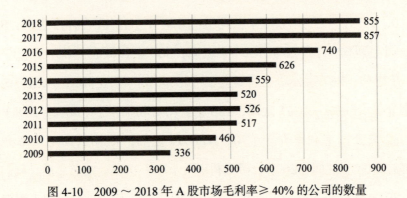

图 4-10　2009～2018 年 A 股市场毛利率 ≥ 40% 的公司的数量

还有一个问题，是不是有一些公司毛利率只是偶尔大于等于 40%，而有一些公司毛利率会经常大于等于 40% 呢？也就是说，毛利率大于等于 40% 对于哪些公司是偶然事项？而对于哪些公司是常态事项？为了回答这些问题，我们统计了2009～2018年全部A股上市公司的情况。根据图4-11显示的信息，2009～2018年有274家公司只有1年毛利率大于等于40%，250家公司有2年毛利率大于等于40%，216家公司有3年毛利率大于等于40%，136家公司有4年毛利率大于等于40%，114家公司有5年毛利率大于等于40%，83家公司有6年毛利率大于等于40%，72家公司有7年毛利率大于等于40%，69家公司有8年毛利率大于等于40%，64家公司有9年毛利率大于等于40%，133家公司每年毛利率都大于等于40%。当然，还有一些公司没有出现在这个统计图中，那是因为它们在这10年时间里毛利率始终小于40%。

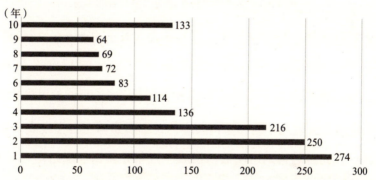

图4-11 "找牛股"：2009～2018年A股市场毛利率≥40%的公司的频次分布

4.销售费用和管理费用

我们继续往下看，来到利润表的销售费用和管理费用。这两项费用可以加起来作为营业费用来分析。营业费用的发生会减少毛利润，即在一定程度上吞噬毛利润。不同的公司营业费用占毛利润的比重情况如何呢？图4-12向我们展示了2008～2018年贵州茅台的营业费用占毛利润的比重。2009年该比重达到峰值21.1%，而后出现下降，在2012年降至14%之后出现小幅上涨，到2015年达到相对高点17.6%。最近几年该比重又呈下降趋势，2018年下降至11.8%。11.8%意味着茅台每实现100元的毛利润有11元8角钱被营业费用吞噬。

图4-12　贵州茅台营业费用占毛利润的比重

图4-13向我们展示了海天味业历年营业费用占毛利润的比重。2013年为41.1%，2014～2018年介于［37.2%，38.7%］之间。海天每实现100元毛利润就有37～39元被营业费用吞噬，吞噬效应非常明显。这主要是海天最近几年加大营销力度，在很多媒体平台上投放大量广告，外加进一步完善销售网络所致。投放广告和完善销售网络均会发生较大金额的销售费用，进而导致营业费用占毛利润比重较高。

图4-13　海天味业营业费用占毛利润的比重

图 4-14 向我们展示了 AB 味精公司 2008～2018 年营业费用占毛利润的比重。总体来看，数值比较离奇，尤其是 2011 年的 4328.7%。除了 2008 年和 2009 年该指标小于 100% 外，其他年度都远远高于 100%。这意味着，AB 味精公司在这些年度里实现的毛利润已经全部被营业费用吞噬，甚至出现了亏损。

图 4-14　AB 味精公司营业费用占毛利润的比重

以上我们观察了三家公司的营业费用占毛利润比重的情况。如果我们只观察海天味业和 AB 味精公司，那么可以说从一正一反两个角度来观察不同公司的表现。为什么我们还要观察一下贵州茅台的情况呢？贵州茅台和海天味业都属于优秀的公司，优秀的公司在这个指标上也可能存在明显差别，这主要与公司处于不同的发展阶段和采用不同的发展策略相关。

一家优秀的公司如果处于快速扩张和抢占市场份额阶段，它会加大营销力度，大力培育客户群体，完善销售渠道和销售网络，提高品牌知名度，这些动作都会发生比较多的销售费用。经过一段时间的努力，这些动作可能已经完成得非常漂亮：公司在市场中已经处于龙头地位，大部分市场份额已经收入囊中，品牌已经深入人心，在消费者中已建立起非常好的口碑，销售渠道和销售网络也已非常完善，核心竞争优势凸显。这时，公司就不再需要像前期一样在营销上投入那么多资源。这样一来，在公司的毛利润增长的同时，营业费用占毛利润的比重会出现一定程度的下降。

所以，不难理解海天味业在过去几年中这个指标比较高的情况。目前比较高的指标是为未来发展的广阔空间做前期铺垫，我们也非常期望看到它在未来品牌力量足够强大之后，这个指标会保持比较低的水平，正如贵州茅台一样。

关于营业费用占毛利润比重这个指标，我们需要做一个简单的总结。不同的优秀公司以及同一家公司在不同的经营阶段，这个指标的表现可能不一样。从长远来看，核心竞争优势比较明显的企业，营业费用占毛利润的比重通常会低于30%，并能够加以保持。较低的比重代表着营业费用对毛利润的吞噬效应比较弱。我们在寻找投资标的的过程中，应始终倾向于去寻找营业费用对利润的吞噬效应比较弱的公司。当然，我们在使用这个标准时也不能过于奉行教条主义。对于类似海天味业这种扩张型公司，我们可以在短期内放宽30%的限制，但是需要持续跟踪观察它在未来的发展趋势。

5. 研发费用

我们继续沿着利润表向下看，来到利润表中的研发费用。研发费用对应着企业的研究和开发活动。按照我们国家目前的会计准则规定，企业为开展研究和开发活动发生的支出在会计上可以有两种处理方法。一种方法是将这些支出全部作为研发费用列入利润表当中，我们叫它"费用化";还有一种做法是将这些支出作为无形资产列入资产负债表中,我们叫它"资本化"——随着无形资产的逐年摊销,这部分"资本化"的研发支出会变成费用,慢慢地影响每年的利润。

在财报分析中,我们倾向于关注企业当年发生的所有研发支出,包括利润表中的"费用化"研发支出和列入无形资产中的"资本化"研发支出。我们如何去找出企业当年发生的全部研发支出呢?幸运的是,年度报告中通常会专门披露研发支出的信息。可见,很多时候财报分析绝不仅仅限于三张报表的分析,还要关注和分析与报表有关的其他信息。

我们如何看待企业的研发支出呢?企业开展大量研发活动究竟是好事呢还是坏事呢?在我们看来,研发活动是一把双刃剑。大量的研发活动可能给企业带来新的发展机会和利润增长点,但是也会吞噬企业短期的利润和现金,况且没有人能够保证研发一定会成功。即使研发出了新产品,也没有人保证新产品一定会在市场上受到消费者的欢迎。此外,新产品的推广还需要新的销售方案,产生新的销售费用。从这一点上来说,研发绝对是一种高风险活动。

对于一些企业来说,研发是非常必要的,因为正是它们开展的大量研发活动给它们带来了核心竞争力,才成就了它们的行业领先地位,比如说恒瑞医药。表 4-2 向我们展示了恒瑞医药 2008～2018 年的部分财务数据。从营业收入来看,2009～2018 年它都保持了两位数以上的增长,且多个年度保持了 20% 以上的增长;从净利润来看,除了 2010 年保持 8.96% 的增长外,其他年度都保持两位数以上的增长,甚至有个别年度增长率超过了 40%;从毛利率来看,2009～2018 年始终都在 80%以上,说明产品盈利能力非常强。

表 4-2　恒瑞医药 2008～2018 年财务数据

(金额单位：万元)

年度	营业收入	收入增长率(%)	营业成本	毛利率(%)	净利润	净利润增长率(%)
2008	239 256	—	40 087	83.25	43 559	—
2009	302 896	26.60	52 385	82.71	69 330	59.16
2010	374 411	23.61	60 550	83.83	75 544	8.96
2011	455 039	21.53	78 414	82.77	94 041	24.49
2012	543 507	19.44	87 040	83.99	115 141	22.44
2013	620 307	14.13	115 808	81.33	129 205	12.22
2014	745 225	20.14	131 322	82.38	157 293	21.74
2015	931 596	25.01	137 167	85.28	222 397	41.39
2016	1 109 372	19.08	143 463	87.07	263 419	18.45
2017	1 383 563	24.72	184 988	86.63	329 295	25.01
2018	1 741 790	25.89	233 457	86.60	406 118	23.33

资料来源：国泰安数据库（CSMAR）。

为什么恒瑞医药产品的盈利能力这么强呢？其实，这在很大程度上得益于它开展的大量研发活动。注重研发是它成为医药领域领先企业的重要因素之一。如果阅读它的年度报告，你会发现有关研发支出的信息能够反映它对研发的重视程度。2018 年年度报告显示，恒瑞医药研发投入金额高达 26.7 亿元，和 2017 年相比增长 51.81%，而研发投入占营业收入的比例更是从 2017 年的 12.7% 提升到 15.33%，呈现出快速增长的趋势。如果你只看这一年的年度数据，或许并不能很好地体会恒瑞医药对研发的重视程度，那么我们可以去和它的同行业竞争者比一比，"货比三家"之后能够更好地看出企业之间的差别。表 4-3 向我们展示了恒瑞医药与同行业另外 5 家企业在研发投入上的对比情况。可以看出，无论研发投入金额、研发投入占营业收入比重还是研发投入占净资产比重，恒瑞医药都要遥遥领先其他 5 家企业，这彰显了其对研发的高度重视。

表4-3 恒瑞医药与同行业企业研发投入对比情况

（金额单位：万元）

公司	研发投入金额	研发投入占营业收入比重（%）	研发投入占净资产比重（%）
恒瑞医药	267 048.06	15.33	13.49
复星医药	152 929.17	8.25	6.04
长春高新	34 875.65	8.50	8.38
华北制药	17 414.36	2.26	3.28
白云山	37 328.75	1.78	1.94
上海医药	83 606.26	5.58	4.28

资料来源：恒瑞医药2018年年度报告（其中，同行业企业的数据为2017年度数据）。

大量的研发创新活动成就了恒瑞医药的行业领先地位，这样的研发活动我们是非常喜欢的，但还不是我们最喜欢的类型。我们最喜欢的类型是怎样的呢？或者说，我们最喜欢的公司在研发方面会有怎样的特征呢？

我们再去观察一下贵州茅台的研发投入情况。从表4-4可以看出，茅台2013年研发投入占营业收入比重为2.09%，而后逐年下降，2018年仅占营业收入0.52%；2013年研发投入占毛利润比重为2.25%，而后逐年下降，2018年仅占毛利润0.57%。茅台每实现100元的毛利润，研发投入即使全部"费用化"处理，也只会吞噬5角7分的毛利润。为什么茅台的研发投入占比这么低呢？那是因为，茅台生产的白酒口味和特点是稳定的，不会随着时间的流逝而变化，具有不过时的特点，这样的企业根本不需要开展大量的研发活动。不过，这样既不需要研发又能够保持核心竞争力的公司是极少的。

重视研发是海天味业的核心竞争力来源之一。表4-5向我们展示了海天味业2013～2018年的研发投入情况。可以看出，研发投入占营业

收入的比重介于 [2.67%, 3.39%] 之间，研发投入占毛利润的比重介于 [6.03%, 8.64%] 之间。海天每实现 100 元毛利润就有 6～9 元投入研发活动中，在调味品行业中属于注重研发的企业。但是，相比市场中需要大量研发支撑的行业，这个比例依然不算高，这意味着海天味业研发投入对利润和现金的吞噬作用比较微弱。

表 4-4 贵州茅台研发投入情况

（金额单位：万元）

年度	研发投入	营业收入	毛利润	研发投入占营业收入比重（%）	研发投入占毛利润比重（%）
2013	64 726	3 092 180	2 872 788	2.09	2.25
2014	65 219	3 157 393	2 923 538	2.07	2.23
2015	65 723	3 265 958	3 012 125	2.01	2.18
2016	60 961	3 886 219	3 545 209	1.57	1.72
2017	43 488	5 821 786	5 227 742	0.75	0.83
2018	38 584	7 363 887	6 711 595	0.52	0.57

资料来源：贵州茅台历年年度报告。

表 4-5 海天味业研发投入情况

（金额单位：万元）

年度	营业收入	毛利润	研发投入	研发投入占营业收入比重（%）	研发投入占毛利润比重（%）
2013	840 159	329 608	28 483	3.39	8.64
2014	981 719	396 682	30 084	3.06	7.58
2015	1 129 438	473 714	31 461	2.79	6.64
2016	1 245 856	547 536	33 283	2.67	6.08
2017	1 458 431	666 358	40 167	2.75	6.03
2018	1 703 448	791 542	49 301	2.89	6.23

资料来源：海天味业历年年度报告。

如果查看 AB 味精公司的年度报告，你会发现它在 2015 年发生了

361万元的研发支出，占营业收入的比重是0.2%。当看了2016～2018年年度报告后，你会惊讶地发现，年度报告"研发支出"一项显示"不适用"，也就是说，AB味精公司在2016～2018年没有发生研发活动。

我们总结一下如何去分析企业财务报表和年度报告中的研发支出。企业的研发活动是一把双刃剑，机会和风险并存。有一些企业借助大量研发活动使自己成为优秀企业，那么我们会喜欢这样的研发活动。但是，这还不是我们最喜欢的研发活动。我们最喜欢的企业应该是本身足够优秀，产品性能足够稳定且具有不过时的特点，根本不需要大量研发活动就能够创造丰厚利润。比较糟糕的情况则是，企业发生了大量研发活动，但利润表中并没有出现非常漂亮的业绩。而雪上加霜的情况是怎样呢？除了研发活动大量发生、没有漂亮业绩之外，研发活动是通过借债的方式来支撑开展的。除非高科技行业烧钱模式运作的企业，不然这种模式很难持续。

6. 折旧费用

折旧费用是企业的固定资产随着使用过程的损耗所产生的价值损失。根据我们国家的会计准则，销售部门和管理部门使用的固定资产（如电脑）折旧费用直接计入销售费用和管理费用，生产车间的固定资产（如厂房和机器设备）折旧计入产品的生产成本。如果产品卖出去了，这些折旧费用就是利润表中营业成本的一部分；如果产品没有卖出去，年底时还在仓库里，这些折旧就沉淀在存货的账面价值中，列在资产负债表里。折旧费用列在当期的利润表中，会吞噬当期的利润；折旧作为资产负债表存货价值的一部分，会在存货卖出去的时候吞噬利润。总之，固定资产的折旧早晚要吞噬利润。

我们如何从财务报表或者年度报告中找出当年折旧的金额是多少呢？一种方法是，我们可以去查看会计报表附注中固定资产和折旧的明细信息；另一种方法是，我们可以查看现金流量表补充资料获得折旧信息。表 4-6 是海天味业 2018 年现金流量表补充资料，它向我们展示了以净利润为起点编制现金流量表的方法。通过查询其他资料得知公司油气资产和生产性生物资产都是 0，所以"固定资产折旧、油气资产折耗、生产性生物资产折旧"本期发生额 436 284 025.86 元就是固定资产折旧发生额。

表 4-6　海天味业 2018 年现金流量表补充资料

单位：元　币种：人民币

补充资料	本期金额	上期金额
1.将净利润调节为经营活动现金流量：		
净利润	4 366 673 677.36	3 531 478 779.33
加：资产减值准备		
固定资产折旧、油气资产折耗、生产性生物资产折旧	436 284 025.86	434 994 090.11
投资性房地产折旧	680 310.30	609 310.85
无形资产摊销	6 001 172.07	6 344 790.62
以权益结算的股份支付确认的费用	5 923 748.29	4 320 998.04
长期待摊费用摊销		
处置固定资产、无形资产和其他长期资产的损失（收益以"-"号填列）	20 115 966.25	-861 477.00
固定资产报废损失（收益以"-"号填列）		
公允价值变动损失（收益以"-"号填列）		
财务费用（收益以"-"号填列）	-152 429 707.02	-83 818 014.36
投资损失（收益以"-"号填列）	-294 565 763.76	-143 663 576.05
递延所得税资产减少（增加以"-"号填列）	-59 226 169.95	-33 247 023.87
递延所得税负债增加（减少以"-"号填列）		
存货的减少（增加以"-"号填列）	-162 208 091.99	-89 421 674.81

(续)

补充资料	本期金额	上期金额
经营性应收项目的减少（增加以"-"号填列）	14 314 717.09	-14 084 243.80
经营性应付项目的增加（减少以"-"号填列）	1 814 678 617.14	1 108 325 622.71
其他		
经营活动产生的现金流量净额	5 996 242 501.64	4 720 977 581.77
2. 不涉及现金收支的重大投资和筹资活动：		
债务转为资本		
一年内到期的可转换公司债券		
融资租入固定资产		
3. 现金及现金等价物净变动情况：		
现金的期末余额	9 425 828 438.55	5 573 373 231.28
减：现金的期初余额	5 573 373 231.28	5 168 695 172.59
加：现金等价物的期末余额		
减：现金等价物的期初余额		
现金及现金等价物净增加额	3 852 455 207.27	404 678 058.69

资料来源：海天味业2018年年度报告。

我们在寻找优秀公司的时候，更喜欢去找折旧费用占毛利润比重比较低的公司，即轻资产经营公司。轻资产经营公司好像一只轻盈的小燕子，身子轻，飞得快，它的利润不会被沉重的固定资产折旧费用拖累，这样的公司更容易赚钱。

表4-7向我们展示了海天味业2013～2018年折旧费用情况，每年折旧费用在2亿～5亿元之间，折旧费用占营业收入的比重介于2.56%～3.07%之间，折旧费用占毛利润的比重介于5.51%～7.33%之间。这两个比例都是比较低的，为什么这样说呢？我们可以去看一家重资产经营公司的情况，也就是固定资产占总资产比重比较高的公司。表4-8向我们展示了宝钢股份2013～2018年折旧费用情况，每年折旧费用在100亿～186亿元之间，折旧费用占营业收入

的比重介于5.44%～6.45%之间，折旧费用占毛利润的比重介于40.52%～72.73%之间，两个比重都高于海天味业。

表4-7 海天味业折旧费用情况

（金额单位：万元）

年度	营业收入	毛利润	折旧费用	折旧费用占营业收入比重（%）	折旧费用占毛利润比重（%）
2013	840 159	329 608	21 969	2.61	6.67
2014	981 719	396 682	27 824	2.83	7.01
2015	1 129 438	473 714	34 721	3.07	7.33
2016	1 245 856	547 536	37 463	3.01	6.84
2017	1 458 431	666 358	43 499	2.98	6.53
2018	1 703 448	791 542	43 628	2.56	5.51

资料来源：海天味业历年年度报告。

表4-8 宝钢股份折旧费用情况

（金额单位：万元）

年度	营业收入	毛利润	折旧费用	折旧费用占营业收入比重（%）	折旧费用占毛利润比重（%）
2013	18 968 838	1 797 018	1 131 788	5.97	62.98
2014	18 741 364	1 848 250	1 018 676	5.44	55.12
2015	16 378 955	1 453 119	1 056 871	6.45	72.73
2016	18 545 865	2 360 728	1 183 262	6.38	50.12
2017	28 909 290	4 066 780	1 770 207	6.12	43.53
2018	30 477 946	4 569 447	1 851 756	6.08	40.52

资料来源：宝钢股份历年年度报告。

7. 财务费用

我们继续往下看，来到利润表的财务费用。财务费用包括利息费用和汇票贴现费用等。利息支出是公司向别人借钱需要支付的代价，在会计工作中，有一些利息支出要"费用化"处理，也就是作为财务费用的一部分列在利润表中；有一些利息支出要"资本化"处理，比如公司为了建一个厂房向银行借入的专项借款，在厂房交付使用前专项借款发生的利息就需要"资本化"处理，对应的利息金额列入厂房的建造成本中。

如果想要知道一家公司当年全部的利息支出，就需要分别找出"费用化"利息和"资本化"利息，将二者相加。表4-9向我们展示了海天味业和AB味精公司2013～2018年利息支出对比情况。通过阅读年报我们发现，海天味业在6年里"资本化"利息都是0，财务费用都是负数，主要是因为大量银行存款取得了利息收入。我们看到这样的数字应该是非常高兴的。AB味精公司的情况就完全不一样，这几年每年财务费用都有几千万元，并且营业利润是负数。可见，优秀公司通常利息支出会很少。在寻找优秀公司的过程中，我们常常会要求公司利息支出占营业利润的比例要小于15%。

表4-9 海天味业和AB味精公司利息支出对比情况

（金额单位：万元）

年度	海天味业		AB味精公司	
	财务费用	营业利润	财务费用	营业利润
2013	-1 498	2 179 154	3 535	-35 160
2014	-4 863	2 210 297	3 428	-24 005
2015	-4 879	2 215 899	4 427	-86 660
2016	-4 568	2 426 563	4 136	-27 241
2017	-8 200	3 894 001	4 522	-14 899
2018	-15 262	5 134 299	3 798	-38 699

资料来源：国泰安数据库（CSMAR）。

8. 资产减值损失

我们继续往下看，来到利润表中资产减值损失这个科目。资产减值损失是利润表中一个常见的科目,也是一个非常有趣的科目。它特别容易被一些不法分子利用,他们会利用它在资本市场当中兴风作浪。可以说,它是利润表中的一个"小妖精"。接下来我们就去看一看不法分子是如何利用它兴风作浪的。

企业的资产在很多时候会发生减值。当有确切的证据表明企业的资产在报告期末的市场价值显著低于账面价值时,就会发生减值。比如说,存货会发生减值,需要计提存货跌价准备;应收账款会发生减值,要计提坏账准备;无形资产会发生减值,要计提无形资产减值准备;固定资产、长期股权投资、商誉等资产都会发生减值,都要计提相应的减值准备。我们在计提减值准备的时候,对应的会计处理是"借:资产减值损失,贷:坏账准备或者无形资产减值准备",等等。这笔会计分录的编制会使得企业利润降低。如果一家企业在当年发现上一年度计提的坏账准备太多了,实际上没有必要计提那么多,它就会在当年转回来一些坏账准备。转回的会计处理刚好与计提的会计处理相反,也就是"借:坏账准备,贷:资产减值损失"。这笔会计分录的编制会使得企业利润增加。

我们总结一下,一家企业计提资产减值准备的时候会使得利润减少,转回资产减值准备的时候会使得利润增加。而正是因为这个原理,资产减值损失才会被很多不法分子加以利用,在资本市场当中兴风作浪。比如,我们有一个专业词汇叫作"财务大洗澡"。"财务大洗澡"是怎么回事呢?一家企业在某个年度发现自己的业绩很不好,就索性一次亏个够。也就是说,该企业可能在当年计提大额的减值准备,出现一次性巨亏。这种一次性巨亏是企业主动甩包袱的表现,把前期计提不足的减值准备一次补足,把未来将要计提的减值准备提前计提。一次性成功甩掉这些包袱之后第二年就可以轻松上阵了，为以后盈利做好铺垫工作。

第二年的时候，企业的利润很可能出现好转。一方面是因为它不再需要计提那么多减值准备了，另外一方面是因为它有可能转回一些减值准备。我们经常在财经媒体上看到这样的报道："××公司冲回×亿元坏账，存刻意增厚利润嫌疑。"我们还可能看到这样的报道："转回存货跌价准备，增厚业绩，多家公司 2017 年由亏转盈。"如果发现一家企业的利润比前一年有了大幅度改善，或者说利润增长了多少多少，那么请你一定要擦亮眼睛，仔细看看这是不是企业利用资产减值准备转回开展的一种数字游戏，是不是利用这个"小妖精"来帮助它变魔术的。在财报分析中，我们一定不能被数字的表面现象所迷惑，而要去挖一挖、探一探，给这家企业卸卸妆，这样才能看清楚它的真面目。

表 4-10 向我们展示了 7 家公司的部分财务数据。这些公司有一个共同的特点——资产减值损失都是负的，这表明它们利用资产减值准备转回增厚了利润。如果剔除资产减值准备转回增厚的利润，它们的利润将由正转负。这些公司恰恰是利用资产减值准备帮助自己实现扭亏为盈的。我们把观察时间拉长，在 2009～2018 年这 10 年时间里，A 股市场是否有公司会经常地、频繁地利用资产减值准备转回实现扭亏为盈呢？谁是资产减值准备转回的"惯犯"呢？根据我们的统计结果，这 10 年间每年都有 2～15 家公司利用资产减值准备转回实现扭亏为盈，53 家公司利用过 1 次，8 家公司利用过 2 次，2 家公司利用过 3 次，1 家公司利用过 4 次。

我们已经重点分析了利润表中资产减值损失这个科目，相信大家对它已经有了比较深刻的认识。实际上，营业利润中还有投资收益、公允价值变动收益这样的科目，这些科目对应的收益很多时候也不具有持续性。比如，今年牛市投资收益可能就会贡献很多利润，但是明年如果是熊市，这个金额就会大幅下降。这些科目金额容易出现巨幅波动，相对于企业的主营业务收入来说，稳定性比较差。

表 4-10 "捉妖记"：2018 年利用资产减值准备转回扭亏为盈的公司情况

(单位：万元)

公司	资产减值损失	税前利润总额	剔除资产减值准备转回后利润
A1	−12 778	2 844	−9 935
A2	−2 587	2 450	−137
A3	−167	48	−120
A4	−1 596	721	−876
A5	−4 798	1 771	−3 028
A6	−7 215	557	−6 658
A7	−3 571	2 103	−1 468

资料来源：国泰安数据库（CSMAR）。

9. 营业利润和营业外收支

我们继续往下看，来到利润表中的营业利润、营业外收入和营业外支出。对于这部分内容的分析也是利润质量分析的一部分。一家公司的利润质量高不高，一个重要的方面就是看其利润是否具有持续性。通常我们认为，营业利润的持续性比较高。如果想把分析工作做得足够扎实，那么我们应该把一些项目从营业利润中剔除，这些项目是资产减值损失、投资收益、公允价值变动收益、其他收益。营业利润减去这些项目的金额，代表公司经常性业务产生的利润，也就是销售商品和提供劳务产生的利润，这样的利润持续性最高。如果一家公司的利润总额绝大部分是由营业利润构成的，营业利润占利润总额的比重在90%以上，甚至更高，我们会认为这家公司的利润持续性比较好。

表4-11向我们展示了海天味业2013～2018年营业利润和利润总额的情况。6年间，营业利润和利润总额均保持两位数以上增长，除了2013年和2016年之外，其他4个年度的营业利润增长率都在20%以上。从利润总额的结构来看，2013年以来营业利润占利润总额的比重为96%、96.5%、99.3%、99.7%、99.9%和100.3%，表明海天每实现100元的利润，几乎全部都是通过销售酱油、黄豆酱、蚝油等产品实现的——利润来源单一聚焦，利润持续性好。

表4-11 海天味业营业利润和利润总额情况

（金额单位：万元）

年度	营业利润	营业利润增长率（%）	利润总额	利润总额增长率（%）	营业利润占利润总额比重（%）
2013	189 615	—	197 562	—	96.00
2014	240 512	26.84	249 223	26.15	96.50
2015	298 914	24.28	301 130	20.83	99.30
2016	340 197	13.81	341 338	13.35	99.70
2017	421 082	23.78	421 529	23.49	99.90
2018	524 101	24.47	522 281	23.90	100.30

资料来源：国泰安数据库（CSMAR）。

图4-15向我们展示了AB味精公司2008～2018年的营业利润和利润总额。11年间，有5个年度利润总额为负，而有10个年度营业利润为负——AB味精公司主业经营惨淡，举步维艰。

我们现在比较好奇的一个问题是，市场中像海天味业这样利润来源十分聚焦的公司多不多呢？或者反过来说，有没有一些公司营业利润占利润总额的比重很低呢？我们选取2018年A股市场中营业利润和利润总额均为正的公司进行了统计。图4-16向我们展示了统计结果，横轴代表公司数量，纵轴代表比重区间。可以看到，1501家公司营业利大于等于利润总额，1393家公司营业利润占利润总额比重介于［90%，100%）之间，138家公司介于［80%，90%）之间，50家公司介于［70%，80%）之间，31家公司介于［60%，70%）之间，22家公司介于［50%，60%）之间，8家公司介于［40%，50%）之间，8家公司介于［30%，40%）之间，10家公司介于［20%，30%）之间，5家公司介于［10%，20%）之间，4家公司介于［0，10%）之间。初步的统计结果显示，从市场总体情况来看，大部分公司利润持续性较好，但是也有数十家公司利润持续性较差。

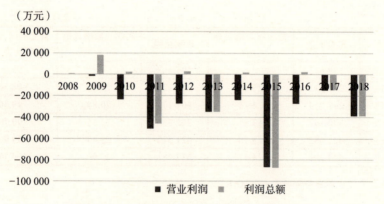

图4-15　AB味精公司的营业利润和利润总额

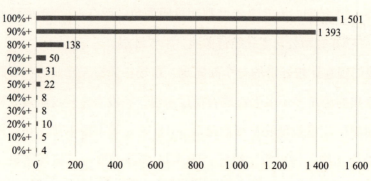

图4-16　2018年A股上市公司营业利润占利润总额比重分布

4.3 如何判断利润的质量

在判断利润的质量方面，我们主要需要考虑利润的持续性和利润的真实性。对于营业利润占利润总额比重很低的公司来说，营业外利润是利润总额的构成主体——营业外利润等于营业外收入减去营业外支出。我们在分析营业外利润时，不得不提到一个专业词汇，叫作"非经常性损益"。营业外利润是非经常性损益的一部分，公允价值变动收益、不具有持续性的投资收益、资产减值损失等这些不具有持续性特征的损益都是非经常性损益。

1. 利润的持续性

利润表分析中对非经常性损益内容的分析非常重要。非经常性损益是证监会监管上市公司会计信息质量的重点之一。为了保证上市公司财务信息披露质量，非经常性损益概念早在1999年首次被提出，而后出台和修订了系列文件，如《公开发行证券的公司信息披露规范问答第1号——非经常性损益》《公开发行证券的公司信息披露解释性公告第1号——非经常性损益（2008）》等。按照监管要求，上市公司需要在年度报告中单独披露当年非经常性损益的内容和金额，提醒财务报告使用者关注。

证监会为什么如此重视非经常性损益信息的披露呢？那是因为非经常性损益是利润表中的一个"大妖精"，在一定程度上，这个"大妖精"比资产减值损失这个"小妖精"更加狡猾。那么，到底什么是非经常性损益呢？非经常性损益指"与公司正常经营业务无直接关系，以及虽与正常经营业务相关，但由于其性质特殊和偶发性，影响报表使用人对公司经营业绩和盈利能力做出正常判断的各项交易和事项产生的损益"。简单理解的话，非经常性损益是利润的一部分，但是，这部分利润和企业的正常经营没有什么关系，或者说，即使有关系也是偶然事件产生的利润，容易迷惑报表使用人对企业盈利能力的判断。表 4-12 列出了非经常性损益的具体项目。

表 4-12 非经常性损益项目

编号	项目
1	非流动性资产处置损益，包括已计提资产减值准备的冲销部分
2	越权审批，或无正式批准文件，或偶发性的税收返还、减免
3	计入当期损益的政府补助，但与公司正常经营业务密切相关，符合国家政策规定、按照一定标准定额或定量持续享受的政府补助除外
4	计入当期损益的对非金融企业收取的资金占用费
5	企业取得子公司、联营企业及合营企业的投资成本小于取得投资时应享有被投资单位可辨认净资产公允价值产生的收益
6	非货币性资产交换损益
7	委托他人投资或管理资产的损益
8	因不可抗力因素，如遭受自然灾害而计提的各项资产减值准备
9	债务重组损益
10	企业重组费用，如安置职工的支出、整合费用等
11	交易价格显失公允的交易产生的超过公允价值部分的损益
12	同一控制下企业合并产生的子公司期初至合并日的当期净损益
13	与公司正常经营业务无关的或有事项产生的损益
14	除同公司正常经营业务相关的有效套期保值业务外，持有交易性金融资产、交易性金融负债产生的公允价值变动损益，以及处置交易性金融资产、交易性金融负债和可供出售金融资产取得的投资收益
15	单独进行减值测试的应收款项减值准备转回
16	对外委托贷款取得的损益
17	采用公允价值模式进行后续计量的投资性房地产公允价值变动产生的损益
18	根据税收、会计等法律、法规的要求对当期损益进行一次性调整对当期损益的影响
19	受托经营取得的托管费收入
20	除上述各项之外的其他营业外收入和支出
21	其他符合非经常性损益定义的损益项目

注：表中内容整理自《公开发行证券的公司信息披露解释性公告第 1 号——非经常性损益（2008）》。

在资本市场中，确实有很多公司利用非经常性损益来迷惑投资者的双眼。比如我们经常听到这样的报道，"靠非经常性损益扭亏为盈，这只'壳股'又躲过一劫""非经常性损益增厚利润，16家*ST公司由亏转盈"，等等。我们在财报分析的过程中，千万不能被这些戏法迷惑，我们需要做的是识别这些戏法，并且要把这种迷惑性利润从利润总额中剔除出去，这样才能看清一家公司的业绩到底好不好，看清一家公司的盈利能力到底强不强。接下来，我们就去捉一捉A股市场中"非经常性损益"这个"大妖精"。

营业外利润是非经常性损益的一部分。简便起见，我们重点关注利用营业外利润实现扭亏为盈的公司。图4-17向我们展示了2009～2018年每年利用营业外利润扭亏为盈的公司情况。横轴表示公司数量，纵轴表示年度。在2009～2016年，每年都有100家以上的公司利用营业外利润扭亏为盈。随着监管部门重拳打击违规行为和注册会计师风险意识的提高，2017年和2018年利用营业外利润实现扭亏为盈的公司数量在下降，2018年已经下降至40家。图4-18向我们展示了A股市场利用营业外利润实现扭亏为盈的公司数量和频次。横轴代表公司数量，纵轴代表次数。其中，427家公司利用1次，192家公司利用2次，108家公司利用3次，51家公司利用4次，22家公司利用5次，10家公司利用6次，3家公司利用7次，3家公司利用8次。多次利用营业外利润扭亏为盈的公司可称为"惯犯"公司了。

除了扭亏为盈之外，还有一些公司利用营业外利润实现利润增长。如果一家公司利润总额相比上年增长，但是营业利润相比上年下降，那么这样的增长是借助营业外利润实现的，我们称为"伪增长"。图4-19

向我们展示了 2009～2018 年每年利用营业外利润实现"伪增长"的公司数量，介于 4 家至 23 家不等。

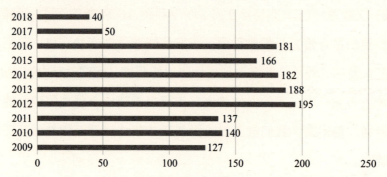

图 4-17　2009～2018 年每年 A 股市场利用营业外利润扭亏为盈的公司

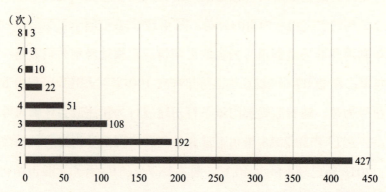

图 4-18　2009～2018 年 A 股市场利用营业外利润扭亏为盈的公司的频次分布

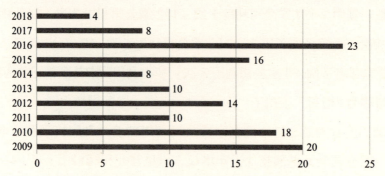

图 4-19　2009～2018 年每年 A 股市场利用营业外利润实现"伪增长"的公司

很多公司还会利用营业外利润粉饰净利润，规避监管。根据我们国家的监管规定，上市公司如果连续两个年度净利润小于零，股票交易要进行特别处理，股票名称前将加上"ST"标记（俗称"被ST"）；连续三年净利润小于零，公司股票要暂停上市交易；连续四年净利润小于零，公司股票要退市。通常，上市公司都不愿意被戴上"ST"的帽子，更不愿意暂停上市或退市。于是，当它们发现有可能出现这些状况时，就会有强烈的动机来粉饰利润。很多公司会铤而走险，想尽一切办法来避免被ST、暂停上市或退市。如果你发现一家公司前一年净利润小于零，第二年净利润大于零但是营业利润小于零，表明这家公司利用营业外利润避免被ST；如果你发现一家公司前两年净利润均小于零，第三年净利润大于零但是营业利润小于零，表明这家公司利用营业外利润避免被暂停上市；如果你发现一家公司前三年净利润均小于零，第四年净利润大于零但是营业利润小于零，表明这家公司利用营业外利润避免被退市。按照这个定义，我们去看看A股市场中有多少公司利用营业外利润"兴妖作怪"。

图4-20向我们展示了2009～2018年A股上市公司利用营业外利润避免被ST的情况。横轴代表公司数量，纵轴代表年度。在2017年之前，利用营业外利润避免被ST的公司数量较多，之后数量有所下降，2018年已经下降至9家。

图4-21向我们展示了2010～2018年A股市场中利用营业外利润避免被"暂停上市"的上市公司情况，横轴代表公司数量，纵轴代表年度。2010年共有36家公司成功避免被暂停上市，之后数量有所下降，每年公司数量介于8～18家之间，2018年已经下降至2家。

图4-22向我们展示了2011～2018年A股市场中利用营业外利润

避免被退市的上市公司情况。2011年有4家公司成功避免被退市，2012年和2013年各2家，2014年7家，2016年3家，其余3年为0家。

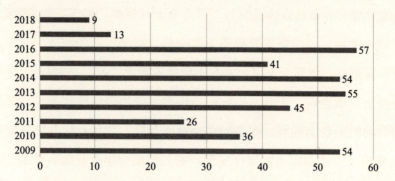

图4-20　2009～2018年A股市场中利用营业外利润避免被ST的上市公司情况

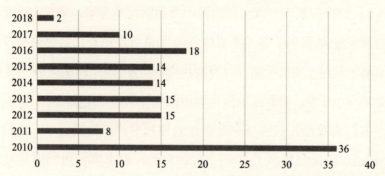

图4-21　2010～2018年A股市场中利用营业外利润避免被暂停上市的上市公司情况

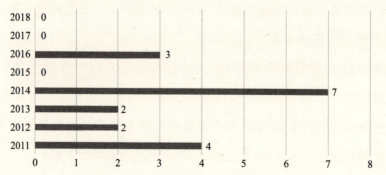

图4-22　2011～2018年A股市场中利用营业外利润避免被退市的上市公司情况

2. 利润的真实性

以上有关非经常性损益的分析可帮助我们从利润持续性角度来判断利润质量的高低。判断利润的质量除了要考虑持续性，还要考虑真实性，这是一个非常重要的角度。大家有没有发现，我们在分享优秀公司的利润表特征时，其实暗含一个假定——财务报表的数据是真实、可靠的，正如注册会计师出具的标准审计意见一样，"我们认为这家公司的财务报告在所有重大方面公允地反映了公司的财务状况、经营成果和现金流量"。

现实中，财务报告是真实可靠的假设对于很多公司不一定成立，至少说不是始终成立的。如果放眼整个 A 股市场，你会发现，有的公司会被注册会计师出具"非标准无保留审计意见"，包括标准无保留加说明事项段意见、保留意见、无法表示意见和否定意见。公司收到这些非标准无保留审计意见表明财务报告或多或少都存在一定的问题。退一步来讲，审计工作存在固有缺陷，即使一家公司的财务报告被注册会计师出具了标准无保留审计意见，那也只能表明注册会计师合理保证了财务报告的真实性和可靠性。对于外部分析师来说，我们依然有必要测试利润的真实性，这是因为除了公司的内部人员之外，没有人能够绝对保证一家公司的财务报告不存在重大错报。

不论是西方市场经济体中的资本市场，还是我们国家的资本市场，常常都会爆出来重大财务舞弊事件。每一次重大舞弊事件都是一部中小股东的血泪史。舞弊事件在资本市场上一次次引起轩然大波，为我们一次次敲响着警钟。资本市场很多时候迷雾重重，里面可能有很多陷阱，在财报分析的过程中，如果你使用的财务数据是虚假的，或者说至少一部分特别重要的数据是虚假的，那么你根据这些虚假数据得出来的结论很可能就是错误的，也很可能会误导分析报告的使用者。这是多么可怕的事情！数据的质量直接影响着我们财报分析工作的质量。

在财报分析中，我们必须要对利润的真实性进行测试。那么，我们如何对利润的真实性进行测试呢？有一个比较好的捷径，就是用好现金流量表。现金流量表是基于收付实现制编制的一张报表，它向我们展示了企业现金流入、流出和结余的情况。现金流量表分三大块，第一大块是经营活动产生的现金流量净额；第二大块是投资活动产生的现金流量净额；第三大块是筹资活动产生的现金流量净额。

借助现金流量表对利润的真实性进行判定的时候，我们通常会有一个共识，就是高质量的利润会伴随着较好的经营活动产生的现金流量净额。如果你发现一家公司的利润还可以，但是它的经营活动产生的现金流量净额一塌糊涂，我们建议你要特别小心。为什么呢？

主要有两个原因。第一，企业的利润是真实的，但是这种利润是通过赊销的方式实现的。赊销会使企业产生应收账款，确认收入，实现利润，但是并没有对应的现金流入。应收账款存在款项收不回来或需要很长时间才能收回来的风险。相比一手交钱一手交货的现款销售实现的利润，我们通常会认为这种利润的含金量比较低。第二，利润本身就是虚假的，现金流入更无从谈起。例如，企业通过伪造单据虚构交易的方式虚增收入、虚增利润，这种情况下根本没有现金流入。可以说，没有经营活动现金流支撑的利润是一种典型的"纸面富贵"，非常可怕，我们要高度警惕。

其实，净利润和经营活动产生的现金流量净额存在适当差异是很正常的。为什么这样说呢？企业一些交易或事项可以影响净利润，但是不影响现金流，例如折旧费用增加会使得净利润减少，但是并不会引起现金流出；企业还会有一些交易或事项不影响净利润，但是会影响现金流，例如应收账款的收回不会影响净利润，但是会产生现金流入。净利润和经营活动产生的现金净流量存在一定差异无可非议，这是权责发生制和收付实现制两种不同记账基础造成的必然结果。在财报分析中，我们期望这种差异在一个比较长的时间里保持一定的稳定性。如果差异变大，或者出现剧烈波动，或者出现波动明显大于同行业其他公司的情况，我们要高度警觉。

通常情况下，真实性高的净利润会伴随着比较可观的"经营活动产生的现金流量净额"，而真实性高的营业收入也会伴随着令人满意的"销售商品、提供劳务收到的现金"。

图4-23向我们展示了海天味业2013～2018年净利润和经营活动产生的现金流量净额情况。净利润逐年稳步增长，经营活动产生的现金流量净额总体上呈稳步增长趋势，虽然2015年出现小幅下降，但是从总体趋势上看依然漂亮。

图4-23　2013～2018年海天味业的净利润和经营活动产生的现金流量净额

图4-24向我们展示了海天味业2013～2018年营业收入和销售商品、提供劳务收到的现金情况。在这些年里，营业收入和销售商品、提

供劳务收到的现金均持续稳定增长，且现金流入金额大于营业收入金额，二者之间差额保持相对稳定。⊖这是一组非常漂亮的数字，优秀的公司通常会表现出这样的特征。

图 4-24　2013～2018 年海天味业的营业收入和销售商品、提供劳务收到的现金

我们还可以构建相对指标来对利润的真实性进行测试。一个相对指标是营业收入的含金量，即销售商品、提供劳务收到的现金除以营业收入，代表每 1 元营业收入对应多少销售商品、提供劳务收到的现金；另一个相对指标是净利润的含金量，即经营活动产生的现金流量净额除以净利润，代表 1 元净利润对应多少经营活动产生的现金流量净额。通常情况下，优秀的公司营业收入的含金量和净利润的含金量指标总体上会大于 1 或接近于 1。图 4-25 向我们展示了海天味业 2013～2018 年营业收入和净利润的含金量。营业收入的含金量数值始终大于 1，净利润的

⊖ 企业销售商品时向客户收取的款项包括营业收入和增值税（销项税）两部分，这会造成"销售商品、提供劳务收到的现金"常常高于"营业收入"。比如，一家公司采取现金销售方式销售商品共收到款项 113 万元，在增值税税率为 13% 时，公司将确认营业收入 100 万元和应交增值税（销项税）13 万元。会计分录为"借：银行存款 113 万元；贷：营业收入 100 万元，贷：应交税金——应交增值税（销项税）13 万元"。

含金量数值除了 2015 年为 0.87 外，其他年度都大于等于 1.2。

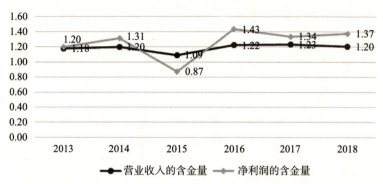

图 4-25　2013～2018 年海天味业的营业收入和净利润的含金量

我们已经知道，优秀公司的业绩会持续稳定地上涨并伴随着漂亮的现金流。可以说，有现金流支撑的业绩才是值得我们信赖的业绩。接下来我们去观察两家财务舞弊公司的业绩和现金流情况。A 公司于 2015 年收到中国证监会行政处罚决定书，处罚决定书显示，A 公司通过伪造单据等方式提前确认收入，2011 年度财务报告虚增营业收入 24 亿多元，虚增营业成本 20 亿多元，多预提运费 0.3 亿元，多计提坏账 1 亿多元，虚增利润总额 2 亿多元，占 2011 年利润总额的 37.58%。B 公司于 2018 年收到中国证监会行政处罚决定书，处罚决定书指出 B 公司 2014 年财务报告存在以下违法事实：通过伪造财务数据虚增利润总额 0.8 亿多元，虚增银行存款 2 亿多元，虚列预付工程款 3.1 亿元。

图 4-26 向我们展示了 A 公司 2010～2018 年净利润和经营活动产生的现金流量净额。在舞弊年度 2011 年及之前的 2010 年，A 公司净利润虽然是正的，但是经营活动产生的现金流量净额都是负的。图 4-27 向我们展示了 B 公司 2009～2018 年净利润和经营活动产生的现金流量净额。在舞弊年度 2014 年及之前，B 公司也曾经发生净利润为正、经营活

动产生的现金流量净额为负的情况，且 2013 年净利润和经营活动产生的现金流量净额都是负的。这些都是危险的信号。

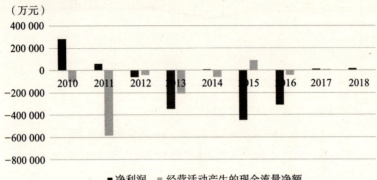

图 4-26　A 公司 2010～2018 年净利润和经营活动产生的现金流量净额

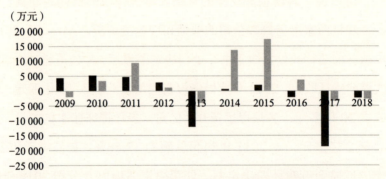

图 4-27　B 公司 2009～2018 年净利润和经营活动产生的现金流量净额

在观察了优秀公司海天味业和 2 家舞弊公司的净利润和现金流情况后，我们发现，优秀公司的业绩会伴随着漂亮的现金流，而舞弊公司在舞弊发生年度之前常常会表现出负的净利润和负的经营活动产生的现金流量净额。

接下来我们观察净利润具有特定特征的一类公司。在 2008～2018 年，共有 4 家公司的净利润表现出多次负负正、负负正、负负正这样的循环模式，分别是 C 公司、D 公司、E 公司和 F 公司。

图 4-28 向我们展示了 C 公司净利润和经营活动产生的现金流量净额。除了 2009 年之外，其他 10 个年度里经营活动产生的现金流量净额都是负的。

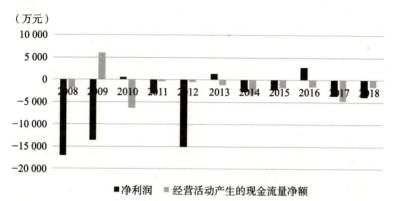

图 4-28　C 公司 2008～2018 年净利润和经营活动产生的现金流量净额

图 4-29 向我们展示了 D 公司的情况。在 2009 年、2010 年和 2017 年，其经营活动产生的现金流量净额是负的；在 2011～2015 年 5 个年度里，其经营活动产生的现金流量净额虽然为正的，但是金额较小。

图 4-30 向我们展示了 E 公司的情况。经营活动产生的现金流量净额波动较为明显，且 2017 年是负的，2012 年、2014 年和 2016 年虽然是正的，但是金额较小。

图 4-31 向我们展示了 F 公司的情况。经营活动产生的现金流量净额波动也较为明显，且 2010 年、2014 年、2015 年、2017 年和 2018 年都是负的，2012 年和 2013 年虽然是正的，但是金额也较小。

很显然，这些公司盈利能力的持续性存疑，并且如前文所述，它们可能为了避免因连续三年亏损而被暂停上市进行了利润调节。

图 4-29　D 公司 2008～2018 年净利润和经营活动产生的现金流量净额

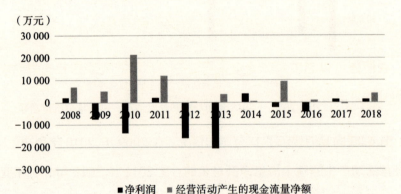

图 4-30　E 公司 2008～2018 年净利润和经营活动产生的现金流量净额

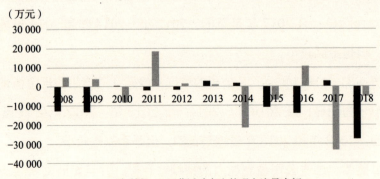

图 4-31　F 公司 2008～2018 年净利润和经营活动产生的现金流量净额

总而言之，我们对利润的质量进行判断的时候要从持续性和真实性两个角度综合考量。通常我们认为，营业利润是持续性比较高的利润。如果一家企业的净利润绝大部分是由营业利润构成的，也就是营业外利润所占比重非常低，通常表明这家企业利润的持续性比较好。从利润的真实性方面看，通常情况下，真实性高的利润会伴随着漂亮的经营活动现金流入，代表这家企业利润的含金量高。如果这两个特征同时满足，通常我们会认为这家公司利润的质量比较高。

4.4 如何使用销售净利润率和净资产收益率

我们还可以通过两个非常重要的综合指标来观察企业的盈利能力，它们分别是销售净利润率和净资产收益率。

1. 销售净利润率

销售净利润率等于净利润除以营业收入，代表每实现 100 元营业收入对应着多少元的净利润。图 4-32 向我们展示了海天味业 2013～2018 年的销售净利润率走势。2013 年销售利润率是 19.1%，而后逐年上涨，2018 年销售净利润率涨至 25.6%，表示海天味业每实现 100 元的收入，就有 20 多元变成了净利润，这代表其业务盈利能力非常强。

图 4-33 向我们展示了 AB 味精公司 2008～2018 年的销售净利润率。11 年间销售净利润率波动剧烈，2009 年销售净利润率最高达 7.5%，2015 年销售净利润率最低达 -30.8%。

A 股市场中全部公司销售净利润率情况如何呢？图 4-34 向我们展示了 2018 年 A 股市场所有公司销售净利润率的分布情况。销售利润率小于 0 的公司有 487 家，介于 [0，10%) 的公司有 1823 家，介于 [10%，20%) 的公司有 837 家，介于 [20%，30%) 的公司有 296 家，介于 [30%，40%) 的公司有 91 家，介于 [40%，50%) 的公司有 27 家，50% 以上的公司有 48 家。

图 4-32　海天味业 2013～2018 年销售净利润率

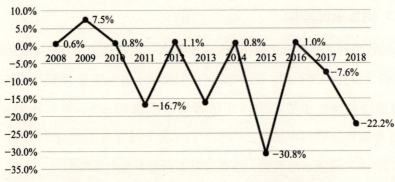

图 4-33　AB 味精公司 2008～2018 年销售净利润率

图 4-35 向我们展示了 2009～2018 年 A 股市场中销售净利润率大于等于 20% 的公司的数量，每年大概有 10%～15% 的公司销售净利润率会大于等于 20%。

优秀公司的销售净利润率通常会持续地大于等于 20%。当然，不同的分析师在筛选投资标的的时候设置的门槛可能不一样。有的分析师认为销售净利润率持续大于等于 20% 的公司才值得进一步分析，而有的分析师可能认为持续大于等于 15% 就已经非常不错了。

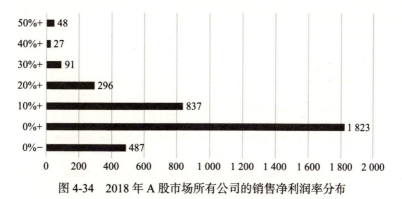

图 4-34　2018 年 A 股市场所有公司的销售净利润率分布

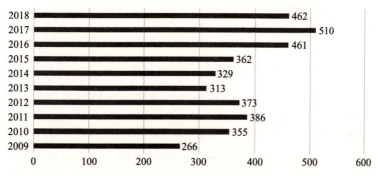

图 4-35　2009～2018 年 A 股市场中销售净利润率≥20% 的公司的数量

图 4-36 向我们展示了 2009～2018 年销售净利润率大于等于 20% 的公司数量和频次。其中，10 年都大于等于 20% 的公司有 32 家，9 年大于等于 20% 的公司有 31 家，8 年大于等于 20% 的公司有 32 家，7 年大于等于 20% 的公司有 29 家，6 年大于等于 20% 的公司有 61 家，5 年大于等于 20% 的公司有 82 家，4 年大于等于 20% 的公司有 118 家，3 年大于等于 20% 的公司有 192 家，2 年大于等于 20% 的公司有 261 家，

1年大于等于20%的公司有413家，余下的公司10年里销售净利润率都小于20%。

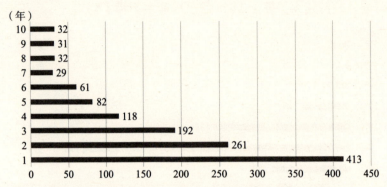

图4-36 找牛股：销售净利润率≥20%的公司的频次分布（2009～2018年）

2. 净资产收益率

在财报分析中，还有一个非常重要的指标，也是巴菲特先生最爱的一个指标，它就是净资产收益率——ROE（Return on Equity）。ROE等于净利润除以净资产，代表100元的净资产能够产生多少元的净利润。巴菲特先生到底有多爱这个指标呢？我们可以从他说过的话中看出来。他说过，"如果非要我用一个指标进行选股，我会选择ROE，那些ROE能常年持续稳定在20%以上的公司都是好公司，投资者应当考虑买入""我判断一家公司经营好坏的主要依据是ROE""我所选择的公司都是ROE超过20%的好公司""公司能够创造并维持高水平的ROE是可遇不可求的，因为这样的事情实在太少了，当公司的规模扩大时，维持高水平的ROE是极其困难的事情"。

按照巴菲特先生的说法，我们在寻找优秀公司的时候倾向于选择ROE持续大于等于20%的公司。图4-37向我们展示了海天味业

2013～2018年的ROE情况。2013年ROE是41.0%，2014～2018年ROE介于27.9%～31.4%之间。

图4-37 海天味业2013～2018年的ROE

表4-13向我们展示了AB味精公司的ROE情况。2008～2018年，AB味精公司ROE波动十分剧烈，2015年是-4555%，2017年和2018年是127%和78%，但仔细看下来，你会发现这两年的净资产是负的！净利润也是负的！负负得正！当净资产为负数时，意味着公司已经资不抵债，此时计算ROE已经没有意义，这样的公司毫无疑问也不是好公司。

表4-13　AB味精公司2008～2018年ROE情况

（金额单位：万元）

年度	所有者权益	净利润	ROE（%）
2008	161 063	1 241	1
2009	129 425	18 660	14
2010	131 643	2 218	2
2011	85 427	-46 214	-54
2012	89 218	2 791	3
2013	53 734	-34 915	-65
2014	55 865	1 651	3
2015	1 200	-54 665	-4 555

(续)

年度	所有者权益	净利润	ROE（%）
2016	2 983	1 783	60
2017	−11 078	−14 061	127
2018	−49 492	−38 414	78

资料来源：国泰安数据库（CSMAR）。

A股市场中所有公司的ROE分布情况如何呢？我们以2018年所有A股上市公司为初始样本，在剔除了24家净资产为负的公司后，对余下的3665家公司的ROE进行了统计。图4-38展示了统计结果，横轴代表公司数量，纵轴代表ROE区间。468家公司的ROE小于0，2056家公司的ROE介于[0，10%)之间，953家公司的ROE介于[10%，20%)之间，127家公司的ROE介于[20%，30%)之间，37家公司的ROE介于[30%，40%)之间，15家公司的ROE介于[40%，50%)之间，9家公司的ROE大于50%。

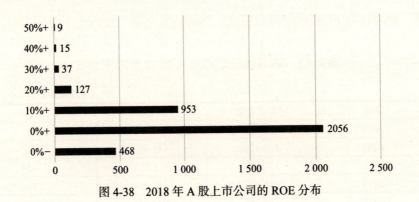

图4-38　2018年A股上市公司的ROE分布

剔除净资产为负的公司之后，我们对2009～2018年ROE大于等于20%的公司数量进行了统计。图4-39展示了统计结果，横轴代表公司数量，纵轴代表年度。总体上，ROE 大于等于 20% 的公司数量不多，2018 年有 188 家公司，约占整个 A 股上市公司数量的 5%。

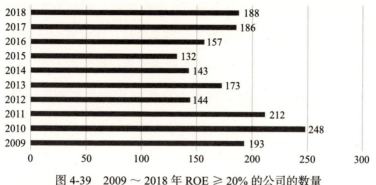

图 4-39 2009～2018 年 ROE ≥ 20% 的公司的数量

剔除净资产为负的公司之后，我们对 2009～2018 年 ROE 大于等于 20% 的公司数量和频次进行了统计。图 4-40 展示了统计结果，横轴代表公司数量，纵轴代表频次。在这 10 年里，561 家公司有 1 个年度 ROE 大于等于 20%，187 家公司有 2 个年度 ROE 大于等于 20%，100 家公司有 3 个年度 ROE 大于等于 20%，35 家公司有 4 个年度 ROE 大于等于 20%，24 家公司有 5 个年度 ROE 大于等于 20%，18 家公司有 6 个年度 ROE 大于等于 20%，4 家公司有 7 个年度 ROE 大于等于 20%，4 家公司有 8 个年度 ROE 大于等于 20%，7 家公司有 9 个年度 ROE 大于等于 20%，5 家公司有 10 个年度 ROE 大于等于 20%。

我们在寻找优秀公司的过程中，倾向于去找 ROE 持续大于等于 20% 的公司。需要说明的是，不同的分析师可能对 ROE 门槛的设定偏好不一样。此外，我们在使用 ROE 这个指标时也要十分小心。为什么呢？ROE 是一个由净利润衍生的指标，有关净利润质量的讨论分析都会启发我们如何更好地使用这个指标。净利润的质量直接影响着 ROE

的质量。如果净利润中有"小妖精"和"大妖精"作怪，那么它们也会在 ROE 中作怪。此外，ROE 的分母——"当年末净资产"也会受到分红和扩股的影响，如果公司当年发生了股权融资，则会增加净资产，从而降低 ROE；而如果公司当年发生了现金分红，则会减少净资产，从而提高 ROE。不过，好在股权融资扩大股本通常对投资者不利，而现金分红通常对投资者有利，这两个因素不会对 ROE 的分析和使用造成太大误导。

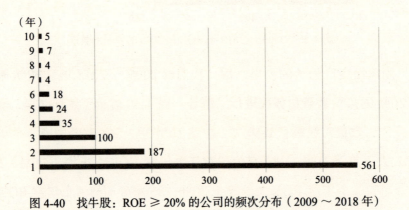

图 4-40 找牛股：ROE ≥ 20% 的公司的频次分布（2009～2018 年）

为了识别和赶走 ROE 中的"妖精"，我们也可以优化 ROE 指标。比如，我们可以把营业外利润或者非经常性损益从净利润中剔除，算出一个干净的净利润，再去除以净资产，得出一个更加干净的 ROE。此外，我们可以使用经营活动现金流量净额作为分子替代净利润，从而算出一个更加严格的 ROE，以防止盈利质量低下的 ROE 误导我们。我们相信，这些更加干净的、严格的 ROE 会帮助我们更好地开展投资分析。

ROE 是一个非常重要的盈利能力综合指标。哪些因素会影响 ROE 呢？按照杜邦分析模型，ROE= 销售净利率 × 总资产周转率 × 权益乘

数 =（净利润 / 营业总收入）×（营业总收入 / 总资产）×（总资产 / 净资产）。销售净利率代表公司产品或者服务的盈利能力，总资产周转率代表公司对资产的管理效率和资产的循环效率，权益乘数代表公司利用财务杠杆的程度。

根据这种分解，高 ROE 可以通过三种途径实现，对应着企业三种不同的经营战略。

第一种战略是产品差异化战略。在该战略下，产品很难被替代，企业对产品拥有比较强势的定价权，产品销售价格比较高，销售净利率就会比较高。但是，产品销售价格高也可能使得产品卖得比较慢，总资产周转率就会比较低。优秀的公司，比如贵州茅台，能够在拥有产品定价权的同时，保持产品的畅销或供不应求。

第二种战略是成本领先战略。这种战略意味着企业采用"薄利多销"的经营模式。"薄利"对应着比较低的销售净利率，"多销"则对应着比较高的总资产周转率。

第三种战略是通过提高权益乘数来提高 ROE。提高权益乘数意味着更多的债务融资和更高的财务杠杆。但需要注意的是，财务杠杆过高会导致企业面临财务困境。杠杆有风险，使用需谨慎！后面我们还会阐述，资产负债表中的总资产与净资产的差额（即负债部分）也需要进一步仔细辨别其中哪些是有息负债，哪些是代表企业在产业链中拥有优势地位而引起的采购负债或预收款项负债。

相对而言，通过第一种战略实现的高 ROE 更能代表企业的竞争优势，而通过后两种战略实现的高 ROE 可能伴随着较高的赊销收款风险或财务风险。

4.5 总结

利润表是一张揭示公司赚钱能力强不强的报表。持续性好和真实性高的利润才是高质量利润。优秀公司的利润表通常具有以下特征：净利润持续稳定增长；毛利率持续大于等于 40%；市场地位稳固后，营业费用占毛利润的比重小于 30%；研发支出占毛利润比重较小或研发创新成就公司行业领先地位；利息支出较少；固定资产折旧费用占毛利润比重较低；营业利润占利润总额比重高；非经常性损益占利润总额比重低；净利润伴随着漂亮的经营活动产生的现金净流入；销售净利润率和净资产收益率连续多年大于等于 20%。

第5章

公司资产负债结构是否健康：资产负债表分析

资产负债表是第二个宝贝，它能告诉我们一家公司的家底厚不厚。

5.1 什么是资产负债表

资产负债表包括资产、负债和所有者权益三大会计要素信息。资产代表公司在特定时刻拥有和控制多少经济资源，负债代表公司亏欠各方多少钱财，所有者权益（又称净资产）代表股东在公司享有的权益。资产负债表是一张十分完美的报表，完美之处在于它每时每刻都是左右平衡的！资产永远等于负债加上所有者权益！

资产负债表是左右结构。左边是资产，各项资产按照变成现金的速度快慢依次排列，变现速度最快的资产列在最上方，变现速度最慢的资产列在最下方。一些资产将在1年或1个营业周期内变成现金、出售或耗用，这样的资产称为流动资产；流动资产以外的资产称为非流动资产。

表 5-1 是海天味业 2018 年 12 月 31 日的合并资产负债表（包含上市公司控股子公司的合并报表）。表中信息显示，2018 年底资产总额约为 201 亿元。其中，流动资产约 158 亿元，非流动资产约 43 亿元。流动资产中，货币资金约 95 亿元，包括库存现金、银行存款和其他货币资金；应收账款约 244 万元，表示客户欠海天的货款等；预付账款约 1720 万元，表示海天提前支付给供应商的原材料款等；其他应收款约 5891 万元，表示海天应该收取的其他款项；存货约 12 亿元，表示海天仓库中和生产线上的原材料、酱油等产品；其他流动资产约 51 亿元。非流动资产中，可供出售金融资产 10 万元，表示海天前期买入的可供出售的股票等有价证券；投资性房地产约 613 万元，表示海天拥有的具有投资性质的房地产；固定资产约 37 亿元，表示海天的厂房和设备等；在建工程约 2.5 亿元，表示海天正在建设的厂房和设备等；无形资产约 1.4 亿元，表示海天的商标权、专利权、非专利技术等；商誉约 3227 万元，表示海天并购其他企业支付的超过公允价值的溢价；递延所得税资产约 1.4 亿元，表示因会计和税法所得税规定差异而产生的资产；其他非流动资产约 1154 万元。

资产负债表右边是负债和所有者权益。右上方是负债，代表企业亏欠各方多少钱财。各项负债按照偿还期限长短依次排列，最早需要偿还的负债列在最上方，最晚需要偿还的负债列在最下方。一些负债需要在 1 年以内偿还，称为流动负债。流动负债以外的负债称为非流动负债。2018 年 12 月 31 日海天味业的流动负债中，短期借款 1960 万元，表示前期向银行借入的 1 年内需要偿还的借款；应付票据及应付账款约 7 亿元，表示亏欠供应商的原材料款等；预收账款约 32 亿元，表示客户提前支付的货款等；应付职工薪酬约 5 亿元，表示尚未发放的员工工资；应交税费约 6 亿元，表示应付税务局的税款；其他应付款约 11 亿元，表示其他应该支付的款项；其他流动负债约 2749 万元。非流动负债中，递延收益约 1 亿元，表示在未来会逐步成为收益的负债。

资产负债表右下方是所有者权益，代表股东在企业享有的权益，包括股东的原始投入和企业留存的利润。实收资本（或股本）约 27 亿元，表示股票面值总额；资本公积约 13 亿元，表示股东原始投入中超过股票面值总额的部分；其他综合收益约 3931 万元，表示没有列入利润表中的利得；盈余公积约 14 亿元，未分配利润约 84 亿元，这两部分是企业已实现但并没有派发给股东的留存利润。

表 5-1　海天味业 2018 年 12 月 31 日合并资产负债表

合并资产负债表

2018 年 12 月 31 日

编制单位：佛山市海天调味食品股份有限公司

单位：元　币种：人民币

项目	附注	期末余额	期初余额
流动资产：			
货币资金		9 457 209 973.00	5 612 919 179.01
结算备付金			
拆出资金			
以公允价值计量且变动计入当期损益的金融资产			
衍生金融资产			
应收票据及应收账款		2 444 554.89	2 466 645.04
其中：应收票据			
应收账款		2 444 554.89	2 466 645.04
预付款项		17 201 427.99	18 366 401.43
应收保费			

(续)

项目	附注	期末余额	期初余额
应收分保账款			
应收分保合同准备金			
其他应收款		58 905 778.04	16 541 797.16
其中：应收利息		45 673 055.64	3 797 846.32
应收股利			
买入返售金融资产			
存货		1 203 328 316.58	1 041 120 224.59
持有待售资产			
一年内到期的非流动资产			
其他流动资产		5 068 670 980.84	5 103 012 828.25
流动资产合计		15 807 761 031.34	11 794 427 075.48
非流动资产：			
发放贷款和垫款			
可供出售金融资产		100 000.00	100 000.00
持有至到期投资			
长期应收款			
长期股权投资			
投资性房地产		6 128 510.63	4 705 134.66
固定资产		3 745 504 253.81	3 649 646 780.23
在建工程		252 302 626.51	615 135 578.81
生产性生物资产			
油气资产			
无形资产		143 566 603.01	149 567 775.08
开发支出			
商誉		32 268 303.51	32 268 303.51
长期待摊费用			
递延所得税资产		144 614 885.52	78 618 969.00
其他非流动资产		11 542 639.00	11 542 639.00
非流动资产合计		4 336 027 821.99	4 541 585 180.29
资产合计		20 143 788 853.33	16 336 012 255.77
流动负债：			
短期借款		19 600 000.00	
向中央银行借款			
吸收存款及同业存放			

（续）

项目	附注	期末余额	期初余额
拆入资金			
以公允价值计量且变动计入当期损益的金融负债			
衍生金融负债			
应付票据及应付账款		744 839 797.74	556 054 182.69
预收账款		3 236 793 020.67	2 678 690 961.42
卖出回购金融资产款			
应付手续费及佣金			
应付职工薪酬		480 012 127.36	326 503 266.44
应交税费		573 452 240.53	319 826 598.32
其他应付款		1 066 034 168.74	626 519 973.67
其中：应付利息			
应付股利			
应付分保账款			
保险合同准备金			
代理买卖证券款			
代理承销证券款			
持有待售负债			
一年内到期的非流动负债			
其他流动负债		27 488 143.49	6 588 265.62
流动负债合计		6 148 219 498.53	4 514 183 248.16
非流动负债：			
长期借款			
应付债券			
其中：优先股			
永续债			
长期应付款			
长期应付职工薪酬			
预计负债			
递延收益		107 743 214.29	57 655 500.00
递延所得税负债			
其他非流动负债			
非流动负债合计		107 743 214.29	57 655 500.00
负债合计		6 255 962 712.82	4 571 838 748.16

(续)

项目	附注	期末余额	期初余额
所有者权益（或股东权益）：			
实收资本（或股本）		2 700 369 340.00	2 701 206 700.00
其他权益工具			
其中：优先股			
永续债			
资本公积		1 330 661 311.39	1 291 572 608.60
减：库存股			
其他综合收益		39 309 965.69	61 430 054.74
专项储备			
盈余公积		1 368 760 285.90	1 291 224 237.63
一般风险准备			
未分配利润		8 436 031 079.51	6 445 076 571.28
归属于母公司所有者权益合计		13 875 131 982.49	11 753 339 999.07
少数股东权益		12 694 158.02	10 833 508.54
所有者权益（或股东权益）合计		13 887 826 140.51	11 764 173 507.61
负债和所有者权益（或股东权益）总计		20 143 788 853.33	16 336 012 255.77

资料来源：海天味业 2018 年年度报告。

我们该如何分析这张资产负债表呢？在资产负债表分析中，我们主要关注三个问题：①优秀公司的资产负债表具有怎样的特征；②如何判断资产的质量和负债的完整性；③如何使用偿债能力指标。

5.2　优秀公司资产的特征

图 5-1 和图 5-2 向我们展示了海天味业 2013～2018 年每年年底总资产的情况，以及 2014～2018 年每年年底总资产增长率的情况。2013 年年底的总资产约 67 亿元，而后逐年增长，2018 年年底时总资产约 201 亿元，优秀的公司通常会表现出资产持续稳定增长的态势，规模不断壮大。

图 5-3 向我们展示了 AB 味精公司 2008～2018 年每年年底总资产情况。除了 2009 年相比 2008 年有小幅增长外，其他年度都呈下降趋势，到 2018 年已经下降到约 17 亿元。AB 味精公司规模逐渐缩小，资产不断萎缩，与海天味业形成鲜明对比。

图 5-1　海天味业 2013～2018 年每年年底的总资产

图 5-2　海天味业 2014～2018 年每年年底总资产的增长率

接下来我们分析资产负债表中的资产项目。在分析流动资产之前，我们要先了解一下公司是如何创造价值的。概括而言，公司的生产经营活动通常包括采购与付款循环、生产与存货循环、销售与收款循环、投资与融资循环。这四个循环在公司的生产经营活动中周而复始，公司正是通过这四个循环来实现利润，创造价值。公司创造价值的过程实际上就是现金循环的过程，循环的起点是现金，终点也是现金。公司使用现金购买原材料，建造厂房和购买机器设备，雇用职工进行生产，生产出产品后把产品销售给客户，形成应收款项，过了一段时间账款收回，表现为现金流入。如果足够细心，你会发现现金循环中涉及几个流动资产项目，分别是现金、存货和应收账款。公司经营得好与坏，流动资产的规模和结构会很不一样。分析流动资产的规模和结构可以帮助我们发现优秀的公司和危险的公司。

图 5-3　AB 味精公司 2008～2018 年每年年底的总资产

1. 货币资金

货币资金是流动性最强的资产，也是账户式资产负债表左上方第一项资产，包括库存现金、银行存款和其他货币资金。通常情况下，优秀的公司货币资金比较多，并且占总资产的比重也比较高，充足的货币资金如果伴随着较少的有息负债和漂亮的业绩，就是锦上添花；危险的公司货币资金会比较紧缺，紧缺的货币资金如果伴随着大量的有息负债和惨淡的经营业绩，那就是雪上加霜了。图5-4向我们展示了海天味业2013～2018年每年年底的货币资金情况。总体上，货币资金呈上涨趋势。

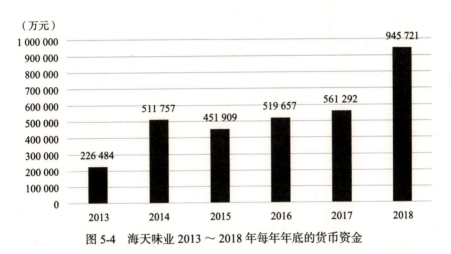

图5-4　海天味业2013～2018年每年年底的货币资金

图5-5向我们展示了AB味精公司2008～2018年每年年底的货币资金情况。虽然在2009年年底货币资金出现大幅增加，但是显然这次增加是偶然事件，货币资金在2013～2018年整体上呈下降趋势。

如果在绝对额上你还体会不到优秀公司货币资金比较多的特点，那么可以去看看它的相对指标情况，也就是货币资金占总资产比重。表5-2向我们展示了海天味业和AB味精公司的货币资金占总资产比重的对比情况。2013～2018年，海天味业货币资金占总资产比重始终在33.69%以上，并且有2个年度超过40%；AB味精公司在2008～2018年的比重最高值为7.21%，并且有4个年度小于1%。二者对比鲜明。

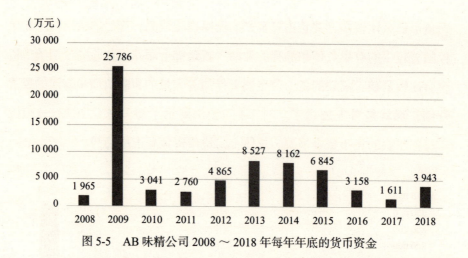

图 5-5　AB 味精公司 2008～2018 年每年年底的货币资金

表 5-2　海天味业和 AB 味精公司的货币资金占总资产比重对比表

（金额单位：万元）

公司	年度	货币资金	总资产	货币资金占总资产比重（%）
海天味业	2013	226 484	672 212	33.69
	2014	511 757	1 100 059	46.52
	2015	451 909	1 149 800	39.30
	2016	519 657	1 346 359	38.60
	2017	561 292	1 633 601	34.36
	2018	945 721	2 014 379	46.95
AB 味精公司	2008	1 965	348 327	0.56
	2009	25 786	357 700	7.21
	2010	3 041	327 672	0.93
	2011	2 760	294 852	0.94
	2012	4 865	281 394	1.73
	2013	8 527	270 662	3.15
	2014	8 162	263 626	3.10
	2015	6 845	224 554	3.05
	2016	3 158	207 551	1.52
	2017	1 611	188 923	0.85
	2018	3 943	170 854	2.31

资料来源：国泰安数据库（CSMAR）。

A股市场上所有公司的货币资金占总资产比重如何呢？我们选取2018年A股上市公司为样本进行统计。图5-6向我们展示了统计结果。有56家公司比重小于1%，334家公司比重介于［1%，5%）之间，817家公司比重介于［5%，10%）之间，863家公司比重介于［10%，15%）之间，615家公司比重介于［15%，20%）之间，365家公司比重介于［20%，25%）之间，226家公司比重介于［25%，30%）之间，135家公司比重介于［30%，35%）之间，95家公司比重介于［35%，40%）之间，63家公司比重介于［40%，45%）之间，43家公司比重介于［45%，50%）之间，77家公司比重大于等于50%。

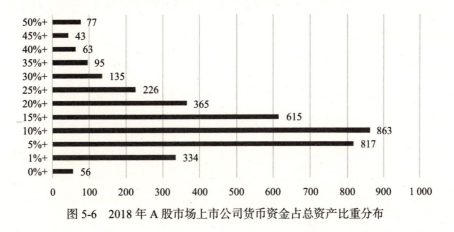

图 5-6　2018年A股市场上市公司货币资金占总资产比重分布

A股市场中历年货币资金占总资产比重大于等于30%的公司数量多吗？图5-7向我们展示了统计结果：2009年有378家，2010年有664家，2011年有739家，2012年有687家，2013年有478家，2014年有411家，2015年有441家，2016年有492家，2017年有508家，2018年有413家。

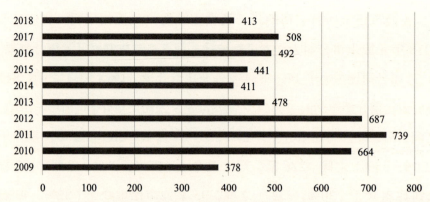

图 5-7 2009～2018 年每年 A 股市场中货币资金占总资产比重 ≥ 30% 的公司的数量

A 股市场中是否有一些公司在 2009～2018 年货币资金占总资产比重经常大于等于 30% 呢？图 5-8 向我们展示了统计结果。这 10 年间，686 家公司有 1 个年度大于等于 30%，427 家公司有 2 个年度大于等于 30%，293 家公司有 3 个年度大于等于 30%，157 家公司有 4 个年度大于等于 30%，128 家公司有 5 个年度大于等于 30%，58 家公司有 6 个年度大于等于 30%，54 家公司有 7 个年度大于等于 30%，50 家公司有 8 个年度大于等于 30%，22 家公司有 9 个年度大于等于 30%，20 家公司每年都大于等于 30%。

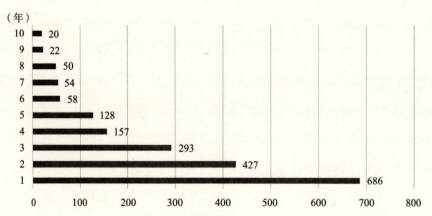

图 5-8 2009～2018 年 A 股市场中货币资金占总资产比重 ≥ 30% 的公司的频次分布

2. 应收票据及应收账款

我们继续往下看，来到资产负债表的"应收票据及应收账款"科目。这是一项非常重要的流动资产，它表明公司通过赊销的方式销售产品和提供劳务，是客户在未来需要归还公司的货款。通过对这个项目进行分析，你能够看出公司的产品是否受市场欢迎，产品是否具有核心竞争优势。

通常情况下，优秀的公司"应收票据及应收账款"项目金额比较少，甚至是 0，占总资产的比重也会比较低。如果公司的产品在市场上特别受欢迎，销售发生时采用"一手交钱，一手交货"的方式，或者采用要求客户提前付款的方式，根本不需要赊销就可以完成交易，"应收票据及应收账款"的金额会很低甚至是 0。反之，如果公司的产品竞争力不足，不采用赊销的方式可能就会造成库存积压，公司相对于客户处于劣势地位，"应收票据及应收账款"金额就会比较大，占总资产的比重也会比较高。

图 5-9 和图 5-10 向我们展示了海天味业和 AB 味精公司应收款项及其占总资产比重的对比图。海天味业在 2013～2018 年的应收款项都接近 0，AB 味精公司每个年度的应收款项金额不等。应收款项占总资产比重方面，海天味业都是接近 0，而 AB 味精公司在 2014 年之前是 20% 左右，在 2015～2018 年保持在 10%。

A 股市场中全部公司应收款项占总资产比重如何呢？我们选取 2018 年 A 股上市公司为样本进行统计。图 5-11 向我们展示了统计结果，横轴代表公司数量，纵轴代表比重区间。有 838 家公司比重介于 [0，5%) 之间，603 家公司比重介于 [5%，10%) 之间，547 家公司比重介于 [10%，15%) 之间，498 家公司比重介于 [15%，20%) 之间，407 家公司比重介于[20%，25%)之间，308家公司比重介于[25%，30%)之间，187家公司比重介于[30%，35%)之间，119家公司比重介于[35%，40%)之间，76家公司比重介于[40%，45%)之间，44家公司比重介于[45%，50%)之间，62家公司比重大于等于50%。

图 5-9 海天味业和 AB 味精公司的应收款项对比

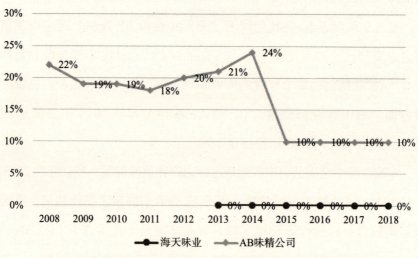

图 5-10 海天味业和 AB 味精公司的应收款项占总资产比重对比

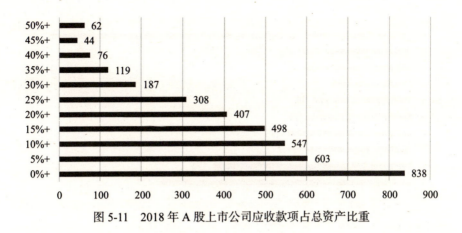

图 5-11 2018 年 A 股上市公司应收款项占总资产比重

2009～2018 年应收款项占总资产比重不超过 5% 的公司多吗？图 5-12 向我们展示了统计结果。这 10 年间，每年比重不超过 5% 的公司数量在 726～857 家之间不等。

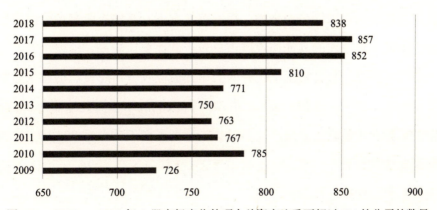

图 5-12 2009～2018 年 A 股市场应收款项占总资产比重不超过 5% 的公司的数量

2009～2018 年 A 股市场中是否有一些公司应收款项占总资产比重经常不超过 5% 呢？图 5-13 向我们展示了统计结果。其中，229 家公司只有 1 个年度比重不超过 5%，331 家公司每年比重都不超过 5%。

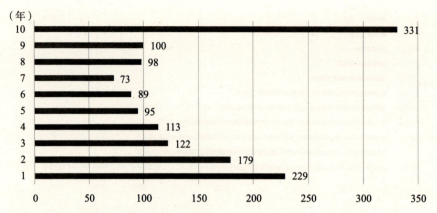

图 5-13 2009～2018 年 A 股市场应收款项占总资产比重不超过 5% 的公司的频次分布

3. 其他应收款

我们继续往下看，来到资产负债表中的其他应收款。对于资金被关联方占用较为严重的公司来说，在通常情况下，其他应收款金额会比较大。如果一家公司的其他应收款占总资产的比重比较高，这很可能不是一个好的现象。与之相反，优秀的公司其他应收款占总资产的比重通常会比较低，甚至在 0.5% 以下。图 5-14 向我们展示了海天味业和 AB 味精公司其他应收款占总资产比重对比的情况。海天味业在 2013～2018 年的比重始终在 0～0.3% 之间，而 AB 味精公司在 2008～2018 年的比重介于 2.8%～12.2% 之间。

A 股上市公司其他应收款占总资产比重如何？我们选取 2018 年 A 股上市公司为样本进行统计。图 5-15 向我们展示了统计结果。有 1297 家公司比重介于 [0，0.5%) 之间，790 家公司比重介于 [0.5%，1%) 之间，722 家公司比重介于 [1%，2%) 之间，304 家公司比重介于 [2%，3%) 之间，166 家公司比重介于 [3%，4%) 之间，94 家公司比重介于

[4%，5%）之间，274家公司比重介于[5%，20%）之间，39家公司比重介于[20%，50%）之间，3家公司比重大于等于50%。

图5-14　海天味业和AB味精公司其他应收款占总资产比重对比图

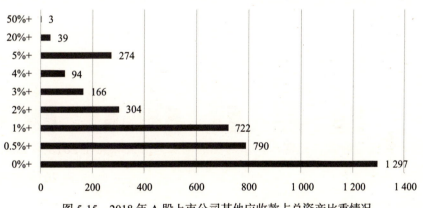

图5-15　2018年A股上市公司其他应收款占总资产比重情况

4. 存货

我们继续往下看，来到资产负债表中的存货。存货是一项非常重要的流动资产，包括原材料、在产品、半成品、产成品、包装物、低值易耗品，等等。我们在寻找优秀公司的时候，特别希望寻找到一类公司，这类公司的存货具有性能稳定、不易过时的特点。比如贵州茅台的存货就有这样的特征，这也恰恰是它的优势所在。此外，优秀公司的存货可能随着公司规模的壮大逐渐变多，但是存货占总资产的比重会保持相对稳定，且低于行业平均水平。

图 5-16 向我们展示了海天味业 2013～2018 年净利润和存货情况。存货在过去几年里基本保持稳定，净利润呈持续稳定增长态势。该企业在规模扩大的同时，产品不但没有出现积压，而且还表现得更加有竞争力。如果你去看一看资产负债表，就会发现海天味业有大量预收账款，这是客户或经销商为了提前锁定产品而预付的货款，可见其产品竞争力强劲。

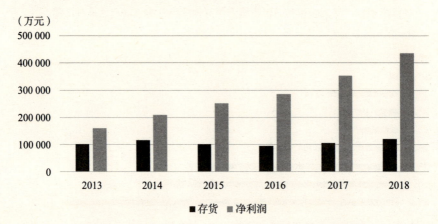

图 5-16　海天味业 2013～2018 年净利润和存货情况

图 5-17 向我们展示了 AB 味精公司 2009～2018 年净利润和存货情况。AB 味精公司的净利润有 5 个年度都是负的，存货在 2010 年最多，此后逐渐下降，呈现萎缩状态。

图 5-18 向我们展示了上面两家企业存货占总资产比重对比情况。海天味业的存货占总资产比重在 2013 年最高，是 15.1%，而后逐年下降，

到 2018 年降至 6%。比重的稳步下降主要是因为存货金额保持相对稳定,而总资产金额因规模扩大逐年提高。AB 味精公司的比重在 2010 年最高,是 11.9%,而后逐年下降至 6% 左右。从这个相对指标来看,AB 味精公司存货占总资产比重要更低一些,这是否意味着 AB 味精公司更好呢?当然不是。在财报分析中,我们在任何时候都不能仅仅依靠一个指标来进行判断。我们需要借助多个指标从不同侧面分析并辅以非财务信息分析,才能得到更正确的结论。

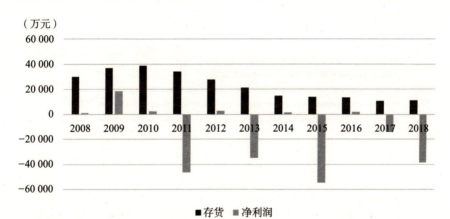

图 5-17　AB 味精公司 2008～2018 年净利润和存货情况

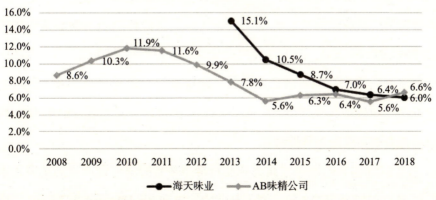

图 5-18　海天味业和 AB 味精公司存货占总资产比重对比图

A 股上市公司存货占总资产比重如何呢？我们选取 2018 年 A 股市场公司为样本进行了统计，图 5-19 向我们展示了统计结果。有 940 家公司比重介于 [0，5%) 之间，822 家公司比重介于 [5%，10%) 之间，764 家公司比重介于 [10%，15%) 之间，4 家公司比重大于等于 80%。

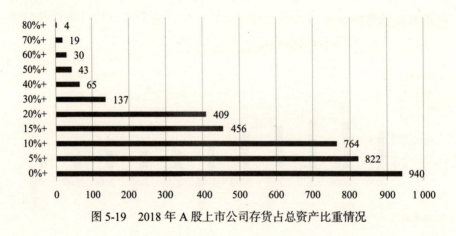

图 5-19　2018 年 A 股上市公司存货占总资产比重情况

5. 固定资产

我们继续向下看，来到资产负债表中的固定资产。固定资产是一项非常重要的非流动资产。在利润表分析中，我们曾经表示特别希望找到"身轻如燕"的公司，因为这样的公司采用轻资产经营模式，固定资产折旧费用对利润的吞噬效应比较微弱。通常来说，优秀公司的固定资产会随着企业规模的扩大而增加，但是固定资产占总资产比重会比较低，且保持相对稳定或呈下降趋势。

图 5-20 向我们展示了海天味业和贵州茅台的固定资产占总资产比重的情况。2013～2018 年，海天味业的比重由 35.1% 下降至 18.6%。贵

州茅台在 2009 ～ 2018 年的比重始终小于 16.5%，并且在 2018 年下降至 9.5%。在财报分析中，如果你发现一家公司的固定资产占总资产比重不断提高，而且这样的产能扩张或者设备更新改造并没有带来漂亮的业绩，那么从投资角度来讲，这样的公司通常不太好。此外，如果你发现固定资产的更新改造是通过借债的方式完成的，那么这家公司是否值得投资更加值得商榷。

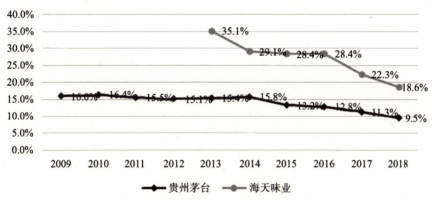

图 5-20　海天味业和贵州茅台的固定资产占总资产比重

A 股上市公司固定资产占总资产比重如何呢？我们选取 2018 年 A 股上市公司为样本进行了统计。图 5-21 向我们展示了统计结果，横轴代表公司数量，纵轴代表比重区间。绝大部分公司固定资产占总资产比重介于 [0，30%) 之间，但是也有 605 家公司比重介于 [30%，50%) 之间，甚至有 198 家公司比重大于等于 50%。

6. 商誉

我们继续往下看，来到资产负债表中的商誉。商誉这项资产产生于企业的并购活动。如果一家企业在并购另外一家企业时支付的价格很高，高于被并购方可辨认净资产的公允价值，其所支付的溢价就是商誉。自2012年以来，资本市场中并购事件不断，由并购产生的商誉资产大幅增加，更是频频爆雷。为什么呢？凡是资产就有可能发生减值，商誉也不例外。很多企业出于各种原因不愿意计提减值，于是利润和资产出现虚高现象。而后在某个年度，企业对商誉一次性计提大额减值准备，成功甩掉包袱，出现巨额亏损。"冰冻三尺非一日之寒"，一个年度的巨亏很可能是以前多个年度隐患的集中爆发。我们经常听到这样的报道，"规模突破1.3万亿，商誉减值频爆雷，三行业成重灾区""18家公司商誉超公司净资产，年末警惕减值风险"，等等。可以说，商誉是一项风险比较高的资产。很多优秀的公司会长期致力于优势领域的深耕细作，较少发生盲目并购，商誉占总资产比重也较低。我们在选择投资标的时要小心商誉占总资产比重特别高的企业，因为它们可能有"地雷"。

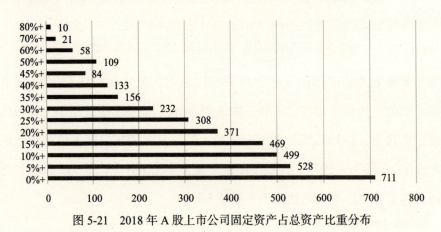

图 5-21　2018年A股上市公司固定资产占总资产比重分布

图 5-22向我们展示了贵州茅台和海天味业商誉占总资产比重情况，横轴代表年度，纵轴代表比重。可以看出，两家公司的比重都非常低，贵州茅台在所有年度的比重都是0，没有任何商誉。海天味业在2017年

比重最高，但也仅仅为 0.20%。

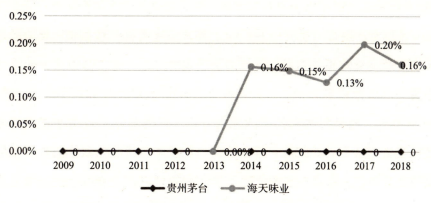

图 5-22　贵州茅台和海天味业商誉占总资产比重情况

A 股上市公司商誉占总资产比重情况如何呢？我们选取 2018 年 A 股上市公司为样本进行了统计，图 5-23 向我们展示了统计结果。有 2269 家公司比重介于［0,0.5%）之间，182 家公司比重介于［0.5%,1%）之间，459 家公司比重介于［1%, 5%）之间，551 家公司比重介于［5%, 20%）之间，226 家公司比重介于［20%，50%）之间，12 家公司比重大于等于 50%。

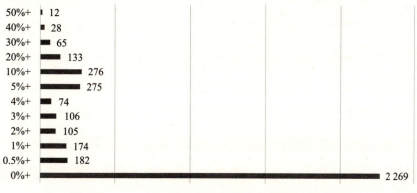

图 5-23　2018 年 A 股上市公司商誉占总资产比重情况

5.3 如何判断资产的质量

在对资产进行分析时，我们除了要关注各项资产的金额之外，还要关注资产本身的质量如何。同样的资产金额并不一定意味着同等的资产质量。以应收账款为例，A公司和B公司报表显示应收账款金额都是1000万元，经过对两家公司的深入分析，我们发现A公司存在少计提坏账准备100万元的情况。鉴于资产负债表中的应收账款价值等于原值减坏账准备，A公司报表中应收账款的金额就应该是900万元，否则就会因为存在100万元的泡沫而质量较低。可见，对资产质量的分析十分重要。

1. 分析货币资金质量

在分析货币资金质量时，请大家一定注意以下几个注意事项。

第一，我们除了关注货币资金数额及其在总资产中的占比是多少之外，还要特别关注货币资金源于哪里。货币资金有三种来源：①经营活动产生的货币资金，比如销售商品、提供劳务收到的现金；②投资活动产生的货币资金，比如卖掉手上持有的股票和卖掉已经废旧的设备收到的现金；③筹资活动产生的货币资金，比如向银行借入的款项和吸收新股东投入的资金。实际上，货币资金的三种来源恰好对应着现金流量表中的三个板块。

我们为什么需要特别关注货币资金的来源呢？这是因为不同来源的货币资金的持续性不一样。销售商品、提供劳务产生的货币资金，在没有出现重大异常的情况下，持续性比较好。比如，今年通过卖酱油流入

10亿元现金，明年在市场需求比较稳定的情况下也会流入大致相同金额的现金。而投资活动和筹资活动产生的现金的持续性相对较差，比如，今年可以出售废旧机器设备流入现金，今年可以从银行借入款项，但未来年度未必能够如此，即便能够如此，那也不是公司自身的造血机能带来的，不能反映公司的核心竞争力。

第二，分析货币资金的流动性时，我们要结合会计报表附注中有关货币资金的详细信息进行分析。这些详细信息会显示，货币资金可以自由流动吗，还是流动性受到了限制。这些分析能够帮助我们更好地判断企业的短期偿债能力。

第三，请一定要警惕"存贷双高"的情况，它代表了一种非常危险的信号。什么是"存贷双高"呢？它表示一家公司一方面有大量货币资金，另一方面有大量有息负债。除非公司有特定的重大投资计划需要大笔货币资金的储备，否则这不符合财务逻辑——当你不差钱时，你何必借入高额有息负债呢？近年来A股市场上出现的许多爆雷股都是这类情况，有些公司甚至在平时将货币资金挪作他用，然后在资产负债表编制日再收回以显示货币资金的存在和充足，因而我们要对货币资金的真实性保留一份警惕。

2. 分析应收款项质量

在分析应收款项质量时，我们想以提问的方式和大家分享几个注意事项。

第一，应收账款的周转率高吗？应收账款周转率等于营业收入除以应收账款期初和期末余额的平均值，这个指标代表企业对应收账款的管理情况。通常情况下，应收账款周转率过低表示资金被客户占用较为严重，或者存在应收账款长期挂账情况，应收账款质量堪忧。

第二，坏账准备计提得充分吗？应收账款作为一项资产，可能发生减值。当企业预计应收账款可能发生坏账时，就要计提坏账准备。资产负债表中列示的应收账款金额，等于应收账款原值减去坏账准备。如果应收账款发生坏账的可能性比较大，而企业不计提或者少计提坏账准备，那么就会使得应收账款出现泡沫和水分。对于业绩不好的企业而言，很多时候它们不愿意计提足够多的坏账准备，这是因为计提足够多的坏账准备会使得利润更加难看，企业甚至有可能面临被 ST、暂停上市或退市的风险。我们经常会听到这样的报道，"某某公司数亿应收账款零计提遭质疑，上市公司坏账成利润炸弹"。

如何判断坏账准备计提是否充分呢？如果能够深入企业了解实际情况当然最好，但是，对于外部分析师来说，因受到客观条件限制，很多时候只能通过公开信息来分析和判断，不得不退而求其次，采用一个相对简便的方法：将企业坏账准备计提情况与同行业其他企业进行对比。如果一家企业对于账龄在 1 年以上的应收账款不计提任何坏账准备，而另外一家企业计提 10% 的坏账准备，那么通常我们会认为，第二家企业的会计处理比第一家企业更谨慎一些，报表中应收账款的质量也要更高一些。当然，这不是绝对的结论。

第三，坏账准备计提比例任意变更了吗？坏账准备计提比例属于会计估计问题。根据我们国家会计准则的规定，企业可以根据自己的情况确定坏账准备计提比例。计提比例确定下来之后，没有合理的理由就不能任意变更，否则就会被视为滥用会计估计。我们会听到这样的报道，

"降低坏账准备计提比例，某某公司保壳有望""某某公司坏账准备计提比例会计估计变更"，等等。

降低坏账准备计提比例可以减少资产减值损失，进而达到增厚利润、增加应收账款账面金额的目的。但是，这种增厚利润的情形与企业经营没有任何关系，更不意味着经营情况的改善。相反，它仅仅是一种会计核算的数字游戏而已。我们在分析中要剔除这些数字游戏带来的干扰作用，要擦亮双眼，这样才能够看清应收账款的质量。

第四，企业有没有利用坏账准备转回增厚利润？在利润表分析中，我们已经介绍过一些企业会利用资产减值准备转回增厚利润，这里不再赘述。坏账准备转回会增厚利润，也会高估应收账款的金额，影响应收账款的质量。

第五，应收款项占总资产比重异常高吗？从以往发生过财务舞弊的企业来看，不乏一些企业在舞弊事件爆出之前会表现出应收款项占总资产的比重异常高的情况。这些企业通过虚构交易事项、夸大交易金额等手段虚构营业收入，同时虚增应收款项。如果你把某企业的应收款项占总资产比重与同行业的其他企业进行对比，当发现这家企业的比重异常高时，那么请你一定要小心，因为这很可能就是一个危险的信号。即便异常高的应收款项占营业收入的比重与财务舞弊无关，那也不是好现象，可能意味着企业的产品缺乏竞争力，从而过多地采取了赊销方式。

3. 分析存货质量

在分析存货时，我们依然要以提问的方式和大家分享几个注意事项。

第一，存货的具体构成如何？在资产负债表中，存货以一个高度概括的金额列示其中。只看这个金额，我们还不知道它是由哪些具体存货构成。想要弄明白这件事，我们可以查阅会计报表附注中有关存货的具体信息。通过查阅，你可能发现以下问题的答案：原材料存在短缺风险吗？企业的生产正常吗？产品是滞销还是畅销？

第二，存货跌价准备的计提充分吗？存货作为一项资产，也会发生减值。如果一批存货的原值是100万，而在年底时只值80万，那么需要计提20万存货跌价准备。计提存货跌价准备会发生损失，减少利润，存货的账面价值变小。我们经常听到这样的报道，"某某公司4.6亿存货零计提，业绩地雷或引爆""某某公司逾80亿存货零计提跌价准备，利润含金量几何"。存货跌价准备计提是否充分直接影响资产负债表中存货质量的高低。如何判断一家企业存货跌价准备计提是否充分呢？作为外部分析者，我们依然可以将它与同行业的企业进行对比。

第三，有没有利用存货跌价准备转回增厚利润？存货跌价准备转回可以增厚利润，我们在分析中要把这些"数字游戏"贡献的利润剔除，不能被它们迷惑。

第四，存货占总资产的比重异常高吗？将企业的存货占总资产比重与同行业的其他企业进行对比，如果你发现该企业的存货占总资产比重特别高，那么我们建议你一定要警觉起来。一种可能是，它的产品太不受市场欢迎，以至于全部积压在仓库里；另一种可能是，存货中有一部分是虚假的。从以往A股市场中发生财务舞弊的企业来看，确实有一些企业的存货占总资产比重异常高。

第五，存货波动剧烈吗？通常情况下，存货波动剧烈表示企业所处的行业竞争比较激烈或者周期性比较强。

第六，存货发出计价方法发生变更了吗？存货发出计价方法包括个别认定法、先进先出法、加权平均法、移动加权平均法、后进先出法。这些是企业不同批次、不同价格的材料存货转为生产成本并最终转为产品销售时营业成本的核算方法。如果材料价格持续上涨，那么在先进先出法下，就假定先进来的材料先发出，此时计算出的产品成本将会偏低，而在后进先出法下计算出的产品成本则偏高。产品成本计算偏高时，产品销售时的营业成本计算也随之偏高了，进而企业的利润会相对低估。如果材料价格持续下跌，那么就反过来了。按照我们国家的规定，后进先出法不得使用。存货发出计价方法的改变会影响存货在资产负债表中的金额，也会影响利润表中主营业务成本的金额。这种存货和主营业务成本的变化并不是由业务的改变引起的，只是一种会计的"数字游戏"而已。

第七，存货周转率如何？存货周转率等于营业成本除以存货期初和期末的平均余额。零售业企业和制造业企业特别看重存货周转率。存货周转率高代表企业能够以较少的存货占用资金带动较多的营业成本和营业收入，实现较多的利润。存货周转率过低可能表示存货积压比较严重，也可能表示存货中有虚假和泡沫。

在存货分析中，我们要结合会计报表附注中有关存货的详细信息进行分析，这样才能让我们的分析结论更加准确。

4. 分析固定资产质量

在分析固定资产时，我们依然要以提问的方式和大家分享几个注意事项。

第一，固定资产的折旧和减值准备计提充分吗？其原理与存货跌价准备计提是否充分相同。如果企业计提了很少的折旧或减值准备，比同行业其他企业类似的固定资产都要少很多，那么这家企业的固定资产金额里很可能有泡沫，固定资产质量堪忧。

第二，是否存在固定资产折旧方法任意变更的情况？是否存在固定资产预计使用年限、净残值等会计估计任意变更的情况？固定资产折旧方法包括加速折旧法和直线折旧法。折旧方法一经选定，在没有合理商业理由的情况下不得变更，否则会被视为滥用会计估计。比如，一项固定资产原价是1000万元，预计净残值是0元，预计使用年限是5年，如按照直线法每年需要计提折旧200万元，如按照加速折旧法中的年数总和法来计算，则每年折旧额分别是333万元（1000×5/（5+4+3+2+1）= 333万元）、267万元（1000×4/（5+4+3+2+1）= 267万元）、200万元（1000×3/（5+4+3+2+1）= 200万元）、133万元（1000×2/（5+4+3+2+1）= 133万元）和67万元（1000×1/（5+4+3+2+1）= 67万元）。如果公司在某个年度变更折旧方法，那么将会影响固定资产账面金额和利润金额，这也属于会计"数字游戏"，此处不再赘述。需要说明的是，通常情况下，优秀公司在会计政策和会计估计方面会表现得比较稳定，不大会出现任意变更的情况。这是因为优秀公司大多非常在乎自己的声誉，利润本身就足够漂亮，没必要在这些方面做手脚，更没必要在资本市场上引发无谓的质疑。

第三，是否存在在建工程推迟转固的情况呢？"推迟转固"表示在建工程推迟转入固定资产。按照会计准则规定，在建工程达到预计可使用状态后不再继续以"在建工程"列示于报表中，应该及时转入"固定资产"核算,并在下个月开始计提折旧。也许你会听到这样的报道:"某某公司在建工程推迟转固,涉嫌虚增利润。"实务中,一些自己建造工程的企业确实有推迟转固现象发生。推迟转固使得企业既可以使用该项资产又可以不计提折旧,不减少利润,可谓一箭双雕。而对于外部分析师来说,推迟转固是一种比较难发现的舞弊行为。一项大工程耗费材料、人工等各种成本庞大复杂,不易查核,因而在建工程科目中也容易"藏污纳垢",成为企业虚增利润时的挂账资产项目。

对固定资产质量判定的分析思路同样适用于无形资产分析,此处不再赘述。

5.4 优秀公司负债的特征

上面我们分析了资产负债表中的主要资产,接下来我们对负债进行分析。负债表示公司亏欠哪些人多少款项,由流动负债和非流动负债组成。需要在1年以内偿还的负债称为流动负债,包括短期借款、应付账款、预收账款、应付职工薪酬、应交税费,等等。偿还期限在1年以上的负债称为非流动负债,包括长期借款、长期应付款、应付债券,等等。

我们如何对负债进行分析呢?一个非常重要的方法就是将负债分成有息负债和无息负债。有息负债是公司需要向债权人支付利息的负债,包括短期借款、长期借款、应付债券,等等;无息负债是公司不需要向债权人支付利息的负债,多由公司正常生产经营活动产生,包括预收账款、应付账款、应交税费、应付职工薪酬,等等。

通常情况下,优秀的公司有漂亮的业绩和充足的现金,进而公司负债会比较少，有息负债会更少。图 5-24 是海天味业和 AB 味精公司资产负债率对比图（资产负债率等于负债总额除以资产总额）。海天味业资产负债率在 2013 年最高，是 41.8%；在 2015 年最低，是 23.9%。AB 味精公司的资产负债率在 2008 年是 53.8%，而后呈上升趋势，2018 年已经上升至 129.0%。

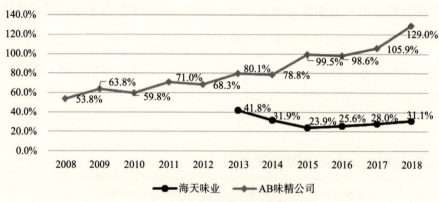

图 5-24　海天味业和 AB 味精公司资产负债率对比图

A 股市场所有公司的资产负债率情况如何呢？我们选取 2018 年 A 股上市公司为样本进行了统计，图 5-25 向我们展示了统计结果。有 111 家公司资产负债率介于［0，10%）之间，413 家公司介于［10%，20%）之间，555 家公司介于［20%，30%）之间，597 家公司介于［30%，40%）之间，617 家公司介于［40%，50%）之间，555 家公司介于［50%，60%）之间，395 家公司介于［60%，70%）之间，230 家公司介于［70%，80%）之间，110 家公司介于［80%，90%）之间，82 家公司大于等于 90%。

1. 无息负债

初步看来，海天味业的资产负债率在 A 股市场中并不算很低。进一步观察后，我们发现海天味业的负债中有大量预收账款。预收账款表示客户或经销商为了提前锁定产品，在产品发出之前提前支付给企业的货款。预收账款能够表明企业在与客户谈判时地位如何，也能够表明企业产品的竞争力如何。企业对客户或经销商越是强势，产品的竞争力越强，预收账款就越多，其占总资产比重就越高。这种现象在房地产开发企业中也普遍存在，对于预收账款比较多的行业或企业，我们在分析资产负债率时需要将预收账款从负债中剔除。

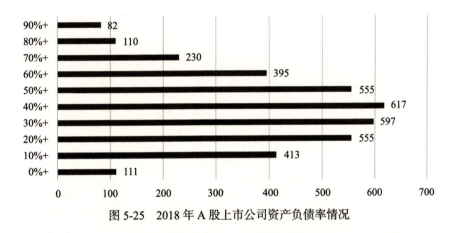

图 5-25　2018 年 A 股上市公司资产负债率情况

图 5-26 向我们展示了海天味业和 AB 味精公司预收账款情况。海天味业自 2015 年以来预收账款连年上升。为了消除公司规模的影响，我们再去看一下相对指标。图 5-27 向我们展示了海天味业和 AB 味精公司预收账款占总资产比重情况。海天味业在 2015 年比重最低，是 9.7%；在 2013 年比重最高，是 25.8%。AB 味精公司在 2016 年及之前比重都在 7.5% 以下，2017 年和 2018 年比重上升与总资产规模不断缩小有一定关系。表 5-3 给出了两家公司预收账款和总资产的详细信息。

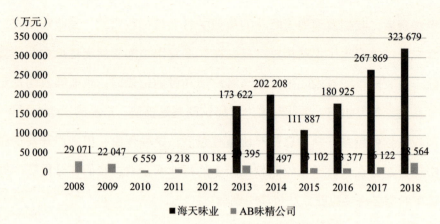

图 5-26 海天味业和 AB 味精公司预收账款情况

图 5-27 海天味业和 AB 味精公司预收账款占总资产比重情况

表 5-3 海天味业和 AB 味精公司预收账款和总资产详细信息

（金额单位：万元）

公司	年度	预收款项	总资产	预收款项占总资产比重（%）
海天味业	2013	173 622	672 212	25.8
	2014	202 208	1 100 059	18.4
	2015	111 887	1 149 800	9.7
	2016	180 925	1 346 359	13.4
	2017	267 869	1 633 601	16.4
	2018	323 679	2 014 379	16.1

(续)

公司	年度	预收款项	总资产	预收款项占总资产比重（%）
AB味精公司	2009	22 047	357 700	6.2
	2010	6 559	327 672	2.0
	2011	9 218	294 852	3.1
	2012	10 184	281 394	3.6
	2013	20 395	270 662	7.5
	2014	9 497	263 626	3.6
	2015	13 102	224 554	5.8
	2016	13 377	207 551	6.4
	2017	16 122	188 923	8.5
	2018	28 564	170 854	16.7

资料来源：国泰安数据库（CSMAR）。

A股市场所有公司的预收账款占总资产比重情况如何呢？我们选取2018年A股上市公司为样本进行了统计，图5-28向我们展示了统计结果。有1716家公司比重介于[0，1%）之间，1291家公司比重介于[1%，5%）之间，374家公司比重介于[5%，10%）之间，203家公司比重介于[10%，20%）之间，63家公司比重介于[20%，30%）之间，30家公司比重介于[30%，40%）之间，10家公司比重介于[40%，50%）之间，2家公司比重大于等于50%。

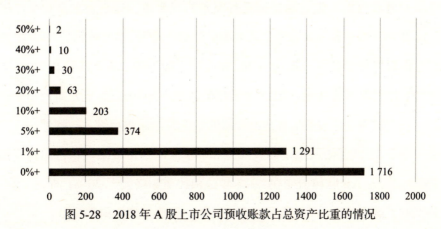

图5-28 2018年A股上市公司预收账款占总资产比重的情况

在偿还预收账款这项负债时，企业通常只需要发出商品，不需要流出货币资金。我们可以把预收账款从负债中剔除，然后计算资产负债率。图 5-29 向我们展示了海天味业和 AB 味精公司资产负债率（剔除预收账款）对比情况。海天味业资产负债率最大值已经下降到 15.9%，而 AB 味精公司依然较高，最高值是 2018 年的 112.2%。

图 5-29　海天味业和 AB 味精公司资产负债率（剔除预收账款）对比

2．有息负债

流动负债中的短期借款是企业向银行借入的需要在 1 年以内偿还的借款。通常来说，优秀的公司具有充足的现金流，短期借款会很少。图 5-30 是海天味业和 AB 味精公司短期借款对比情况。AB 味精公司在 2016 年之前短期借款较多，2017 年和 2018 年大幅下降。海天味业在 2018 年之前短期借款都是 0 元，2018 年短期借款是 1960 万元。通过查阅年度报告，我们发现这笔短期借款是海天收购的子公司向银行借入的款项。

图 5-31 向我们展示了海天味业和 AB 味精公司短期借款占总资产比重对比情况。AB 味精公司在 2015 年之前比重始终大于 20%，而后下降。海天味业除了 2018 年比重是 0.1% 之外，其他年度比重都是 0。

图 5-30　海天味业和 AB 味精公司短期借款对比

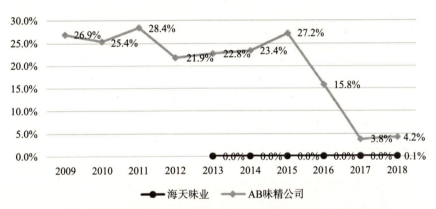

图 5-31　海天味业和 AB 味精公司短期借款占总资产比重对比

A 股市场所有公司的短期借款占总资产比重情况如何呢？我们选取 2018 年 A 股上市公司为样本进行了统计。图 5-32 向我们展示了统计结果，横轴代表公司数量，纵轴代表比重。有 828 家公司没有短期借款，246 家公司短期借款占总资产比重介于 [0, 1%) 之间，622 家公司比重介于 [1%, 5%) 之间，607 家公司比重介于 [5%, 10%) 之间，869 家公司比重介于 [10%, 20%) 之间，372 家公司比重介于 [20%, 30%)

之间，101家公司比重介于［30%，40%）之间，24家公司比重介于［40%，50%）之间，20家公司比重大于等于50%。

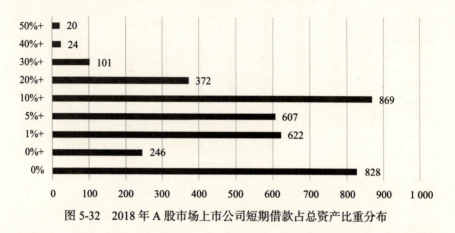

图5-32 2018年A股市场上市公司短期借款占总资产比重分布

非流动负债中的长期借款是企业向银行借入的长期款项。通常来说，优秀的公司很少有大额的长期借款。图5-33向我们展示了AB味精公司的长期借款情况。海天味业在2013～2018年没有任何长期借款，而AB味精公司在多个年度都有长期借款。

图5-33 AB味精公司的长期借款

图5-34向我们展示了海天味业和AB味精公司长期借款占总资产比

重对比情况。海天味业的比重始终都是 0，而 AB 味精公司在多个年度都大于 0。

图 5-34　海天味业和 AB 味精公司长期借款占总资产比重对比

A 股市场所有公司长期借款占总资产比重情况如何呢？我们选取 2018 年 A 股上市公司为样本进行了统计，图 5-35 向我们展示了统计结果。有 1692 家公司比重是 0，334 家公司比重介于［0，1%）之间，742 家公司比重介于［1%，5%）之间，431 家公司比重介于［5%，10%）之间，332 家公司比重介于［10%，20%）之间，100 家公司比重介于［20%，30%）之间，38 家公司比重介于［30%，40%）之间，12 家公司比重介于［40%，50%）之间，8 家公司比重大于等于 50%。

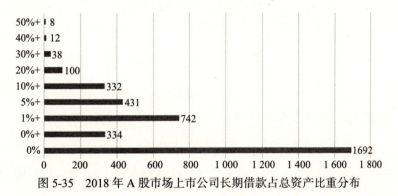

图 5-35　2018 年 A 股市场上市公司长期借款占总资产比重分布

5.5 如何分析公司的偿债能力

我们在分析负债的时候还要特别关注公司的偿债能力。公司的偿债能力指标包括资产负债率、利息保障倍数、流动比率、速动比率、现金比例、现金负债总额比例，等等。优秀的公司通常具有比较强的偿债能力，偿债指标表现也较好。图 5-36 展示了海天味业和 AB 味精公司流动比率对比情况。流动比率等于流动资产除以流动负债，代表每 1 元流动负债有多少元的流动资产来保障偿还。海天味业 2013 年流动比率最低，是 1.22，而后上升，在 2015～2018 年，流动比率始终保持在 2.57 及以上。AB 味精公司在那 10 年中，流动比率始终小于 0.86，2015～2018 年下降到 0.3 左右。

图 5-36　海天味业和 AB 味精公司流动比率对比

A 股市场所有公司的流动比率情况如何呢？我们选取 2018 年 A 股上市公司为样本进行了统计。图 5-37 向我们展示了统计结果，横轴代表公司数量，纵轴代表流动比率。有 131 家公司流动比率介于 [0, 0.5) 之间，501 家公司介于 [0.5, 1) 之间，943 家公司介于 [1, 1.5) 之间，718 家公司介于 [1.5, 2) 之间，389 家公司介于 [2, 2.5) 之间，237

家公司介于[2.5，3)之间，155家公司介于[3，3.5)之间，110家公司介于[3.5，4)之间，77家公司介于[4，4.5)之间，61家公司介于[4.5，5)之间，236家公司介于[5，10)之间，54家公司大于等于10。

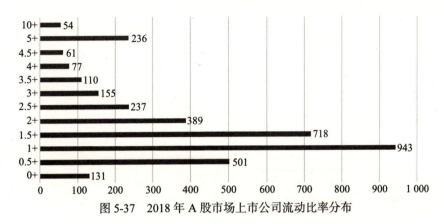

图5-37　2018年A股市场上市公司流动比率分布

图5-38向我们展示了海天味业和AB味精公司剔除预收账款后的流动比率对比情况。海天味业的比率在3.23～6.43之间，AB味精公司的比率始终小于1。

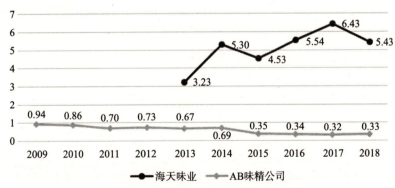

图5-38　海天味业和AB味精公司流动比率（剔除预收账款）对比

A股市场所有公司剔除预收账款后的流动比率情况如何呢？我们选取2018年A股上市公司为样本进行了统计，图5-39向我们展示了统计结果。有2687家公司流动比率小于3，343家介于［3,4）之间，186家介于［4,5）之间，102家介于［5,6）之间，59家介于［6,7）之间，56家介于［7,8）之间，46家介于［8,9）之间，32家介于［9,10）之间，92家大于等于10。

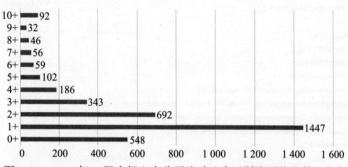

图5-39　2018年A股市场上市公司流动比率（剔除预收账款）分布

图5-40向我们展示了海天味业和AB味精公司的现金负债总额比率对比情况。现金负债总额比率等于经营活动产生的现金流量净额除以全部负债。海天味业比率为68.7%及以上，AB味精公司比率非常低，且有4个年度小于0。

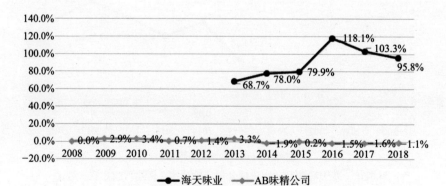

图5-40　海天味业和AB味精公司现金负债总额比率对比

A股市场所有公司现金负债总额比率情况如何呢？我们选取2018年

A股上市公司为样本进行了统计，图5-41向我们展示了统计结果。有803家公司比率小于等于0，1027家公司比率介于（0，10%）之间，775家公司比率介于［10%，20%）之间，403家公司比率介于［20%，30%）之间，215家公司比率介于［30%，40%）之间，157家公司比率介于［40%，50%）之间，80家公司比率介于［50%，60%）之间，46家公司比率介于［60%，70%）之间，35家公司比率介于［70%，80%）之间，30家公司比率介于［80%，90%）之间，22家公司比率介于［90%，100%）之间，78家公司比率介于［100%，200%）之间，15家公司比率介于［200%，300%）之间，3家公司比率大于等于300%。

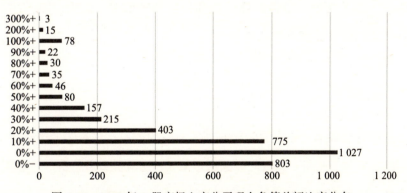

图5-41 2018年A股市场上市公司现金负债总额比率分布

在分析公司偿债能力时，我们还需要注意的是：即使两家公司偿债能力指标相同，也绝不意味着这两家公司的偿债能力一定是一样的。比如，相等的流动比率绝不意味着一定等同的短期偿债能力。如果一家公司的流动资产全部是可以自由流动的货币资金，而另一家公司的流动资产全部是积压在仓库里的存货，显然它们的偿债能力是不一样的。鉴于此，我们在使用这些指标时要特别小心。指标的数值是一回事，指标所代表的偿债能力是另外一回事。偿债能力高低取决于构成这个指标的流动资产质量如何——流动资产的质量越高，偿债能力就越强。

在对负债进行分析的时候，我们还需要关注负债的完整性问题。如果资产负债表中的负债金额小于公司实际的负债金额，那么，这家公司报表中的负债就是不完整的。比如，公司有对外担保、未决诉讼和产品质量保证这些事项发生时，履行相应义务的时间和金额不能完全控制，按照准则的规定需要进行预计负债账务处理。预计负债账务处理会使得费用或损失发生，预计负债会增加。实务中不乏一些公司不愿意将这些预计负债列入报表，进而出现低估负债、虚增利润的情况。对于分析人员来说，要关注公司是否存在低估预计负债的情况，此外，要关注有关预计负债的信息披露内容是否恰当。

5.6 总结

资产负债表是一张说明公司家底厚不厚的报表。优秀的公司资产负债表通常具有以下特征：总资产持续稳定增长；货币资金占总资产比重较高，应收款项占总资产比重较低，存货占总资产比重较低，固定资产占总资产比重较低，商誉占总资产比重较低；短期借款和长期借款较少，预收账款较多；各项偿债能力指标优良，不存在高估资产和低估负债的问题。

资产负债表中的应收、应付项目和预收、预付项目可反映公司在产业链上下游中的竞争地位。在产业链中具有竞争优势的公司，通常应收和预付项目占总资产的比重相对较少，而预收和应付项目占总资产的比重相对较高。此外，应付职工薪酬、应交税费是否与公司当年的营业收入规模相匹配，也是值得留意的重要信息。

第 6 章

公司现金流获取能力强不强：现金流量表分析

现金流量表是第三个宝贝，是基于收付实现制编制的一张报表，它能够向我们展示一家企业在一定时期内现金的变化情况。现金流量表中的"现金"包括企业拥有的各种现金和现金等价物，是广义的现金概念。

6.1 什么是现金流量表

现金流量表主要由三块组成，分别是经营活动产生的现金流量净额、投资活动产生的现金流量净额和筹资活动产生的现金流量净额。其中，净额等于现金流入量减去现金流出量。

表 6-1 是海天味业 2018 年合并现金流量表。在经营活动产生的现金流入中，销售商品、提供劳务收到的现金约 205 亿元，收到的税费返还

约742万元，收到的政府补助约1.2亿元，收到其他与经营活动有关的现金约8333万元。经营活动现金流入小计约207亿元。经营活动产生的现金流出中，购买商品、接受劳务支付的现金约105亿元，支付给职工以及为职工支付的现金约7.5亿元，支付的各项税费约21亿元，支付其他与经营活动有关的现金约14亿元，经营活动现金流出小计约147亿元。经营活动产生的现金流量净额约60亿元。

表 6-1 海天味业 2018 年合并现金流量表

合并现金流量表

2018 年 1～12 月

单位：元 币种：人民币

项目	附注	本期发生额	上期发生额
一、经营活动产生的现金流量：			
销售商品、提供劳务收到的现金		20 516 748 903.27	17 952 750 617.50
客户存款和同业存放款项净增加额			
向中央银行借款净增加额			
向其他金融机构拆入资金净增加额			
收到原保险合同保费取得的现金			
收到再保险业务现金净额			
保户储金及投资款净增加额			
处置以公允价值计量且其变动计入当期损益的金融资产净增加额			
收取利息、手续费及佣金的现金			
拆入资金净增加额			
回购业务资金净增加额			
收到的税费返还		7 417 591.30	1 910 033.70
收到的政府补助		117 358 342.52	55 786 157.97
收到其他与经营活动有关的现金		83 332 355.76	11 487 577.86
经营活动现金流入小计		20 724 857 192.85	18 021 934 387.03
购买商品、接受劳务支付的现金		10 484 811 973.55	9 194 542 730.44
客户贷款及垫款净增加额			
存放中央银行和同业款项净增加额			

(续)

项目	附注	本期发生额	上期发生额
支付原保险合同赔付款项的现金			
支付利息、手续费及佣金的现金			
支付保单红利的现金			
支付给职工以及为职工支付的现金		747 766 519.30	678 506 529.25
支付的各项税费		2 112 421 860.08	1 912 631 967.35
支付其他与经营活动有关的现金		1 383 614 338.28	1 515 275 578.22
经营活动现金流出小计		14 728 614 691.21	13 300 956 805.26
经营活动产生的现金流量净额		5 996 242 501.64	4 720 977 581.77
二、投资活动产生的现金流量：			
收回投资收到的现金		16 155 500 000.00	5 009 000 000.00
取得投资收益收到的现金		294 565 763.76	143 663 576.00
处置固定资产、无形资产和其他长期资产收回的现金净额		795 748.86	3 385 784.03
处置子公司及其他营业单位收到的现金净额			
收到其他与投资活动有关的现金		111 149 580.35	82 091 430.85
投资活动现金流入小计		16 562 011 092.97	5 238 140 790.88
构建固定资产、无形资产和其他长期资产支付的现金		223 924 954.49	262 027 920.76
收购镇江丹和支付的现金		13 271 000.00	26 660 593.27
投资支付的现金		16 155 500 000.00	7 409 000 000.00
质押贷款净增加额			
取得子公司及其他营业单位支付的现金净额			
支付其他与投资活动有关的现金			
投资活动现金流出小计		16 392 695 954.49	7 697 688 514.03
投资活动产生的现金流量净额		169 315 138.48	-2 459 547 723.15
三、筹资活动产生的现金流量：			
吸收投资收到的现金			
其中：子公司吸收少数股东投资收到的现金			
取得借款收到的现金		19 600 000.00	
发行债券收到的现金			
收到其他与筹资活动有关的现金			

(续)

项目	附注	本期发生额	上期发生额
筹资活动现金流入小计		19 600 000.00	
偿还债务支付的现金			17 385 323.93
分配股利、利润或偿付利息支付的现金		595 082.65	
分配给普通股股东及限制性股票持有者股利支付的现金		2 296 025 695.00	1 839 366 476.00
其中：子公司支付给少数股东的股利、利润			
支付其他与筹资活动有关的现金		36 081 655.20	
筹资活动现金流出小计		2 332 702 432.85	1 856 751 799.93
筹资活动产生的现金流量净额		-2 313 102 432.85	-1 856 751 799.93
四、汇率变动对现金及现金等价物的影响			
五、现金及现金等价物净增加额		3 852 455 207.27	404 678 058.69
加：期初现金及现金等价物余额		5 573 373 231.28	5 168 695 172.59
六、期末现金及现金等价物余额		9 425 828 438.55	5 573 373 231.28

资料来源：海天味业2018年年度报告。

投资活动产生的现金流入中，收回投资收到的现金约162亿元，取得投资收益收到的现金约3亿元，处置固定资产、无形资产和其他长期资产收回的现金净额约80万元，收到其他与投资活动有关的现金约1亿元，投资活动现金流入小计约166亿元。投资活动产生的现金流出中，构建固定资产、无形资产和其他长期资产支付的现金约2亿元，收购镇江丹和支付的现金约1327万元，投资支付的现金约162亿元，投资活动现金流出小计约164亿元，投资活动产生的现金流量净额约1.7亿元。

筹资活动产生的现金流入中，取得借款收到的现金1960万元，分配股利、利润或偿付利息支付的现金约60万元，分配给普通股股东及限制性股票持有者股利支付的现金约23亿元，支付其他与筹资活动有关的现金约 3608 万元，筹资活动现金流出小计约 23 亿元，筹资活动产生的现金流量净额约 -23 亿元。

加总以上三块的现金流量净额之后，现金及现金等价物净增加额为 38 亿多元。

我们该如何分析这张现金流量表呢？在现金流量表分析中，我们主要关注两个问题：优秀公司的现金流量表具有怎样的特征，优秀公司的现金股利如何分配。

6.2 优秀公司现金流量表的特征

李嘉诚曾经这样评价过现金流："做生意最重要的就是现金流。"现金流对企业的重要性就如同血液对人体的重要性。经营活动产生的现金流量净额代表企业本身的造血功能，投资活动产生的现金流量净额代表企业的献血情况，筹资活动产生的现金流量净额代表企业接受外界的输血情况。通常情况下，我们认为，经营活动产生的现金流量净额具有较好的持续性。如果一家企业经营活动产生的现金流量净额很少，甚至入不敷出，那么我们可以认为该企业的业务本身创造现金流的能力不佳。投资活动和筹资活动产生的现金流受其他因素影响较多，持续性较差。大量破产、倒闭或陷入困境的企业都是因为资金链断裂，而这大多是由经营活动产生的现金流量净额不佳引起的。

在现金流量表的分析中，我们要特别重视对经营活动产生的现金流量净额的分析。优秀的公司通常会表现出经营活动产生的现金流量净额持续稳定增长。图 6-1 和图 6-2 向我们展示了海天味业 2013～2018 年销售商品、提供劳务收到的现金及其 2014～2018 年增长率情况，2013 年销售商品、提供劳务收到的现金约 99 亿元，而后逐年上涨，2018 年已经涨至约 205 亿元。图 6-3 和图 6-4 展示了海天味业经营活动产生的现金流量净额及其增长率情况，2013 年经营活动产生的现金流量净额约 19 亿元，而后整体上呈上涨趋势，2018 年已经涨至约 60 亿元。

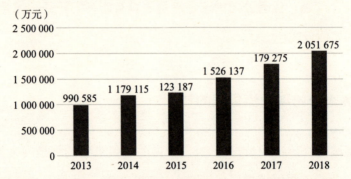

图 6-1　海天味业 2013～2018 年销售商品、提供劳务收到的现金

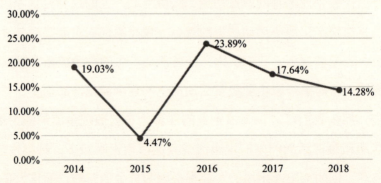

图 6-2　海天味业 2014～2018 年销售商品、提供劳务收到的现金增长率

图 6-5 和图 6-6 向我们展示了 AB 味精公司 2009～2018 年销售商品、提供劳务收到的现金和经营活动产生的现金流量净额情况。AB 味精公司 2009 年销售商品、提供劳务收到的现金约 27 亿元，到 2011 年上

涨至约 32 亿元，在 2012 年之后整体呈下降趋势。经营活动产生的现金流量净额方面，有 6 个年度是正的，4 个年度是负的。两家公司形成了鲜明对比。

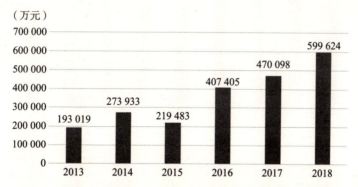

图 6-3　海天味业 2013～2018 年经营活动产生的现金流量净额

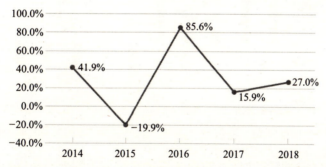

图 6-4　海天味业 2014～2018 年经营活动产生的现金流量净额增长率

在观察经营活动产生的现金流量净额之后，我们还可以使用净利润的含金量这个相对指标来判断净利润的质量。净利润的含金量等于经营活动产生的现金流量净额除以净利润，相关内容已在前面利润表分析中体现，此处不再赘述。

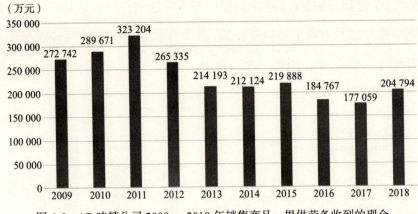

图 6-5　AB 味精公司 2009～2018 年销售商品、提供劳务收到的现金

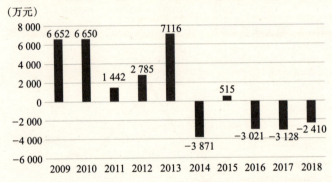

图 6-6　AB 味精公司 2009～2018 年经营活动产生的现金流量净额

A 股市场经营活动产生的现金流量净额为负的公司多吗？我们统计后发现，2018 年 A 股市场共有 803 家公司经营活动产生的现金流量净额为负，其中 209 家公司净利润小于 0，594 家公司净利润大于 0。A 股上市公司经营活动产生的现金流量净额占净利润比重情况如何呢？我们选取 2018 年 A 股上市公司为初始样本，剔除 492 家净利润小于 0 的公司后进行了统计分析，图 6-7 向我们展示了统计结果。有 594 家公司比重小于等于 0，374 家公司比重介于（0，0.5）之间，627 家公司比重介于

[0.5，1)之间，536家公司比重介于[1，1.5)之间，298家公司比重介于[1.5，2)之间，194家公司比重介于[2，2.5)之间，117家公司比重介于[2.5，3)之间，213家公司比重介于[3，5)之间，140家公司比重介于[5，10)之间，104家公司比重大于等于10。

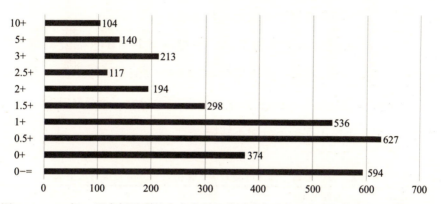

图6-7　2018年A股市场盈利的上市公司经营活动产生的现金流量净额占净利润比重

6.3　优秀公司的现金股利分配情况

通常来说，优秀的公司会给股东带来持续稳定的投资回报，在分红方面会表现得比较慷慨，几乎每年都会派发现金股利；危险的公司通常因为现金流不足而较少分配现金股利。我们经常听到这样的报道，"铁公鸡名单一览，30多家公司上市以来零分红""细数A股铁公鸡！91家上市公司连续10年一毛不拔""上市公司铁公鸡们，证监会喊你们分红啦"，等等。从财务角度来讲，将利润留在公司用于再生产与通过现金股利发放给投资者似乎没有太大差别，甚至发放现金股利对于公司和投资者而言会额外增加一笔税收负担。实际不然，考虑到公司盈利数字可能被注水，高比例且具有持续性的现金股利依然是识别优秀公司的重要信号。

要想知道公司向股东分配现金股利的情况，我们可以观察现金流量表中"分配股利、利润或偿付利息支付的现金"的金额。如果公司偿付利息支付的现金比较少，那么该项金额近似于分配股利或利润支付的现金。此外，我们可以查看公司发布的利润分配实施公告。

表 6-2 向我们展示了贵州茅台、海天味业和 AB 味精公司最近几年分红方案的对比情况。贵州茅台在 2008～2018 年每年都有现金分红，海天味业在 2013～2018 年每年都有现金分红，而 AB 味精公司在 2008～2018 年每年都是不分配不转增。

表 6-2 贵州茅台、海天味业和 AB 味精公司分红方案对比情况

公司	分红年度	分红方案	除权除息日
贵州茅台	2018	每 10 股派 145.39 元（含税）	2019 年 6 月 28 日
	2017	每 10 股派 109.99 元（含税）	2018 年 6 月 15 日
	2016	每 10 股派 67.87 元（含税）	2017 年 7 月 07 日
	2015	每 10 股派 61.71 元（含税）	2016 年 7 月 01 日
	2014	每 10 股送 1 股派 43.74 元（含税）	2015 年 7 月 17 日
	2013	每 10 股送 1 股派 43.74 元（含税）	2014 年 6 月 25 日
	2012	每 10 股派 64.19 元（含税）	2013 年 6 月 07 日
	2011	每 10 股派 39.97 元（含税）	2012 年 7 月 05 日
	2010	每 10 股送 1 股派 23 元（含税）	2011 年 7 月 01 日
	2009	每 10 股派 11.85 元（含税）	2010 年 7 月 05 日
	2008	每 10 股派 11.56 元（含税）	2009 年 7 月 01 日
海天味业	2018	每 10 股派 9.8 元（含税）	2019 年 5 月 07 日
	2017	每 10 股派 8.5 元（含税）	2018 年 4 月 26 日
	2016	每 10 股派 6.8 元（含税）	2017 年 4 月 25 日
	2015	每 10 股派 6 元（含税）	2016 年 4 月 15 日
	2014	每 10 股转 8 股派 8.5 元（含税）	2015 年 4 月 15 日
	2013	每 10 股转 10 股派 5 元（含税）	2014 年 5 月 19 日

(续)

公司	分红年度	分红方案	除权除息日
AB味精公司	2018	不分配不转增	—
	2017	不分配不转增	—
	2016	不分配不转增	—
	2015	不分配不转增	—
	2014	不分配不转增	—
	2013	不分配不转增	—
	2012	不分配不转增	—
	2011	不分配不转增	—
	2010	不分配不转增	—
	2009	不分配不转增	—
	2008	不分配不转增	—

资料来源：同花顺财经个股信息。

需要说明的是，处于不同生命周期的企业，其现金流量表的表现很不一样。初创期的企业会吸收股东大量的投资，购建较多的固定资产，而其新产品刚刚向市场推广，销路尚未完全打开，通常经营活动产生的现金流量净额为负，投资活动产生的现金流量净额为负，筹资活动产生的现金流量净额为正。处于成长期的企业可能借助银行贷款和增发新股进一步扩大产能，产品在一定程度上获得市场认可，经营活动产生的现金流量净额通常为正，投资活动产生的现金流量净额常常为负，筹资活动产生的现金流量净额可正可负。处于成熟期的企业产能保持相对稳定，股利政策相对稳定，产品适销对路，经营活动产生的现金流量净额通常为正，投资活动产生的现金流量净额可正可负，筹资活动产生的现金流量净额常常为负。处于衰退期的企业产品市场规模缩小，企业可能处置一些固定资产并偿还负债利息，通常经营活动产生的现金流量净额为负，投资活动产生的现金流量净额为正，筹资活动产生的现金流量净额为负。

毫无疑问，企业的经营活动、投资活动、筹资活动这三种活动的现金流量情况与其所处的生命周期有关，但这些现金流量的正负情况也不绝对，不同行业、不同企业的具体表现可能不同。

6.4 总结

现金流量表是一张表示公司现金收支情况的报表。优秀公司的现金流量表通常具有以下特征：销售商品、提供劳务收到的现金和经营活动产生的现金流量净额持续稳定增长；尤其是，处于成长期的企业经营活动现金流量净额为正并且稳定、高速增长，投资活动产生的现金流量净额为负，筹资活动产生的现金流量净额通常为正。

第 7 章

财报分析如何防范数字游戏

会计是一个需要高度职业判断的学科，判断基础和依据出现变化，报表的数据也会联动出现变化。在财报分析的过程中，如果仅仅分析财务报表中的数字是远远不够的，还需要分析这些数字背后的故事。只有透过数据表面去还原公司的经营本质，才能防范财务报表数字游戏，分析出的结论才能更可靠。在防范数字游戏方面，我们需要回答几个问题：①如何考虑审计问题；②如何考虑会计政策变更与会计估计变更问题；③如何考虑盈余管理问题；④如何考虑财务舞弊问题。以上四个问题也是本章关注的重点。

7.1 如何考虑审计问题

审计脱胎于会计。如果你把会计简单地理解成"记账"，那么，审计就可以简单地理解成"查账"。记账的过程中可能出现一些错误，也可能出现一些舞弊，审计正是要找出财务报表中的重大错误和舞弊。

审计师有很多美誉。有人说审计师是不穿制服的"经济警察"，有人说审计师是企业的"医生"，还有人说审计师是资本市场的"看门人"和"啄木鸟"。审计是注册会计师独立、客观、公正地对财务报表提供鉴证服务，对财务报表是否不存在重大错报提供合理保证。审计能够提高财务报表信息的真实性、可靠性和准确性，能够增加报表使用者对报表的信赖程度。

1937年正值美国注册会计师协会成立50周年，该协会在庆祝大会上收到了美国前总统富兰克林·D. 罗斯福发来的贺信。他在信中说："在世界上，注册会计师是责任重大、最受信赖的一种职业。他在鉴证一家公司的账目时，不仅要查寻簿记人员的差错，而且必须披露公司管理层本身是否故意地递交虚假报告而欺骗了股东和债权人。"然而，现实中，注册会计师也是经济主体，同样受到逐利动机的驱动，审计失败甚至与客户的合谋也时有发生。

按照审计准则的规定，注册会计师不仅要找出财务报表中的差错，还要找出舞弊。差错与舞弊不同。差错是由于会计人员马虎疏漏导致财务报表出现的错误，实属无意；舞弊是管理层旨在欺骗误导财务报表使用者而蓄意歪曲报表的行为，性质恶劣。

如果你查阅海天味业2018年年度报告，就会发现财务报告的第一部分就是审计报告。审计报告包括审计意见、形成审计意见的基础、关键审计事项、其他信息、管理层和治理层对财务报表的责任、注册会计师对财务报表审计的责任、注册会计师签名和审计报告签署日期，等等。

审计意见是审计报告的第一部分内容，可见它的重要性。海天味业在 2018 年收到的审计意见如下：

> 我们审计了后附的佛山市海天调味食品股份有限公司（以下简称"海天公司"）财务报表，包括 2018 年 12 月 31 日的合并及母公司资产负债表，2018 年度的合并及母公司利润表、合并及母公司现金流量表、合并及母公司股东权益变动表以及相关财务报表附注。
>
> 我们认为，后附的财务报表在所有重大方面按照中华人民共和国财政部颁布的企业会计准则（以下简称"企业会计准则"）的规定编制，公允反映了海天公司 2018 年 12 月 31 日的合并及母公司财务状况以及 2018 年度的合并及母公司经营成果和现金流量。

这是典型的标准无保留审计意见，也是最好的审计意见。在注册会计师看来，海天味业 2018 年的财务报表公允反映了公司 2018 年 12 月 31 日的合并及母公司财务状况以及 2018 年度的合并及母公司经营成果和现金流量。除了标准无保留审计意见之外，还有四种非标准无保留审计意见，它们是无保留审计意见 + 说明段、保留意见、无法表示意见和否定意见。非标准无保留审计意见相当于财务报表被注册会计师说了"坏话"，只是"坏话"的严重程度不一样。无保留审计意见 + 说明段是一种比较轻的"坏话"，保留意见的"坏话"要严重一些，无法表示意见表示注册会计师不对财务报表发表审计意见，是比较严重的弃权式"坏话"，否定意见是最严重的"坏话"。出具否定意见相当于在注册会计师看来，公司的财务报表就是在胡说八道。其实在财报分析中，第一步就应该去观察一下公司是否被注册会计师说过"坏话"。如果你发现一家公司的财务报表被注册会计师说过"坏话"，不管是哪一种严重程度的"坏话"，我们都建议你最好远离这家公司。

A股市场每年有多少家公司被注册会计师说"坏话"呢？图7-1向我们展示了统计结果，横轴代表年度，纵轴代表公司数量。2009～2012年，每年被说"坏话"的公司数量为90～116家，并且呈逐年下降趋势；2013～2018年，每年被说"坏话"的公司数量逐年增加，2018年已经增加至220家。

图7-1　2009～2018年被注册会计师说"坏话"的公司数量

是不是有一些公司经常被注册会计师说"坏话"呢？我们统计了2009～2018年被注册会计师说"坏话"的公司数量和频次情况。图7-2向我们展示了统计结果，纵轴为公司数量，横轴为频次。其中，有6家公司被注册会计师说了10次"坏话"，7家公司被说了9次"坏话"，13家公司被说了7次"坏话"，17家公司被说了6次"坏话"，25家公司被说了 5 次"坏话"，37 家公司被说了 4 次"坏话"，52 家公司被说了 3 次"坏话"，105 家公司被说了 2 次"坏话"，223 家公司被说了 1 次"坏话"。

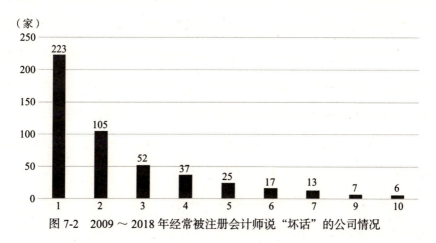

图 7-2　2009～2018 年经常被注册会计师说"坏话"的公司情况

此外，我们要关注公司是否更换过会计师事务所。公司更换会计师事务所的原因很多，比如，会计师事务所说了公司"坏话"，公司生气之后将事务所解聘；会计师事务所虽然没有说"坏话"，但是审计收费太高了，公司出于费用控制考虑换了一家审计收费更低的事务所；会计师事务所因审计其他公司发生审计失败，遭到证监会处罚，公司认为如果继续聘请会影响自己在投资者心目中的形象，进而解聘事务所；公司管理层发生变更，改聘管理层更熟悉的会计师事务所；公司要增发新股或发行债券，改聘一家更知名的会计师事务所；会计师事务所在以前年度审计中发现公司审计风险过高，出于规避风险考虑不再继续提供审计服务；等等。

每年都会有一些公司出于各种各样的原因变更会计师事务所，在这些五花八门的原因中，有一种原因是非常可怕的，那就是"购买审计意见"。什么是"购买审计意见"呢？它是指公司上一个年度被注册会计师说了"坏话",当年通过更换会计师事务所来改善审计意见。我们在投资中要特别小心这种情况,因为它很可能表示这家公司的财务报表存在重大问题。

频繁更换会计师事务所是一种危险的信号。我们经常听到这样的报道,"频繁更换会计师事务所,这些公司业绩或藏玄机""中注协^㊀约谈会计师事务所提示频繁变更会计师事务所的上市公司年报审计风险""频繁变更会计师事务所,某某某公司遭深交所关注",等等。通常来说,优秀的公司不大会频繁更换会计师事务所,危险的公司可能频繁更换会计师事务所。

此外,会计师事务所的品牌也与其审计质量有关。在A股市场上,大约有40家会计师事务所参与了上市公司的年报审计,这些事务所相对全国其他的从事非上市公司审计的会计师事务所而言,通常规模较大,信誉较好。但是这些事务所的差异也很大,不少事务所因审计失败而被中国证监会处罚。平均而言,国际四大品牌的会计师事务所(普华永道、德勤、毕马威、安永)的审计独立性更高,收费也更高,它们审计的客户财务报告通常可信度也更高一些。

表7-1向我们展示了海天味业和AB味精公司的审计情况。海天味业在2013～2018年的审计意见都是标准无保留审计意见,提供审计服务的会计师事务所都是毕马威华振会计师事务所。AB味精公司在2008～2018年4次获得标准无保留审计意见,2次获得无保留意见+说明段,5次获得保留意见,变更会计师事务所1次。

㊀ 即中国注册会计师协会。

表 7-1　海天味业和 AB 味精公司审计情况

（金额单位：万元）

公司	年度	审计意见	会计师事务所	审计费用
海天味业	2013	标准无保留意见	毕马威华振会计师事务所（特殊普通合伙）	138
	2014	标准无保留意见	毕马威华振会计师事务所（特殊普通合伙）	208
	2015	标准无保留意见	毕马威华振会计师事务所（特殊普通合伙）	216
	2016	标准无保留意见	毕马威华振会计师事务所（特殊普通合伙）	224
	2017	标准无保留意见	毕马威华振会计师事务所（特殊普通合伙）	220
	2018	标准无保留意见	毕马威华振会计师事务所（特殊普通合伙）	220
AB 味精公司	2008	标准无保留意见	亚太（集团）会计师事务所有限公司	未披露
	2009	保留意见	亚太（集团）会计师事务所有限公司	71
	2010	保留意见	亚太（集团）会计师事务所有限公司	71
	2011	保留意见	亚太（集团）会计师事务所有限公司	71
	2012	保留意见	亚太（集团）会计师事务所有限公司	71
	2013	保留意见	亚太（集团）会计师事务所（特殊普通合伙）	71
	2014	无保留意见+说明段	亚太（集团）会计师事务所（特殊普通合伙）	80
	2015	标准无保留意见	亚太（集团）会计师事务所（特殊普通合伙）	80
	2016	标准无保留意见	中兴财光华会计师事务所（特殊普通合伙）	80
	2017	标准无保留意见	中兴财光华会计师事务所（特殊普通合伙）	80
	2018	无保留意见+说明段	中兴财光华会计师事务所（特殊普通合伙）	80

资料来源：国泰安数据库（CSMAR）

7.2　如何考虑会计政策与会计估计变更问题

前面在对资产的质量进行分析的时候，我们已经提到会计政策和会计估计问题。例如，存货发出计价方法由先进先出法变成加权平均法就是会计政策发生变更；固定资产的预计使用年限由 10 年变更到 15 年，就是会计估计发生变更。

有关会计政策和会计估计有一个特定的会计准则，就是《企业会计准则第28号——会计政策、会计估计变更和差错更正》。该准则规定，会计政策是企业在会计确认、计量和报告中所采用的原则、基础和会计处理方法。企业采用会计政策，在每一会计期间和前后各期应当保持一致，不得随意变更，但是满足下列条件之一可以变更会计政策：①法律、行政法规或者国家统一的会计制度等要求变更；②会计政策变更能够提供更可靠、更相关的会计信息。企业应当在附注中披露与会计政策变更有关的下列信息：①会计政策变更的性质、内容和原因；②当期和各个列报前期财务报表中受影响的项目名称和调整金额；③无法进行追溯调整的，说明该事实和原因以及开始应用变更后的会计政策的时点、具体应用情况。

常用的会计政策包括存货的发出计价方法，即先进先出法、月末一次加权平均法、移动加权平均法和个别认定法；应收账款的坏账准备计提方法，即应收账款余额百分比法、账龄分析法、赊销百分比法和个别认定法；长期股权投资的后续计量方法，即成本法和权益法；投资性房地产后续计量方法，即成本法和公允价值法；借款费用的处理方法，即费用化和资本化；等等。

在会计准则允许的范围内，企业发生的经济活动可以采用不同的会计政策来进行会计处理。会计准则赋予了企业选择会计政策的空间。如果一家企业的存货发出计价方法由先进先出法变成加权平均法，这样的变更会影响当年资产负债表中存货的金额，也会影响利润表中主营业务成本的金额。这种影响并不是企业的经营变化带来的，仅仅是会计政策变更对应的数字游戏而已。

在会计估计方面，如果企业做出估计的基础发生了变化，可能需要对会计估计进行修订。《企业会计准则第 28 号——会计政策、会计估计变更和差错更正》规定："会计估计变更，是指由于资产和负债的当前状况及预期经济利益和义务发生了变化，从而对资产或负债的账面价值或者资产的定期消耗金额进行调整。"企业应当在附注中披露与会计估计变更有关的下列信息：①会计估计变更的性质、内容和原因；②会计估计变更对当期和未来期间的影响数；③会计估计变更的影响数不能确定的，披露这一事实和原因。

常用的会计估计有存货的可变现净值、坏账准备的计提比例、投资性房地产的公允价值计量、固定资产预计使用年限和净残值、无形资产的预计使用寿命、合同完工进度的程度、预计负债的计提比例，等等。在企业的经营和管理没有发生变化的情况下，会计估计变更会影响资产负债表和利润表。这种影响也不是企业的经营变化带来的，仅仅是会计估计变更对应的数字游戏而已。

如果会计政策变更能够提供更可靠、更相关的会计信息，或者会计估计的基础发生变化使得会计估计需要变更，企业当然应该及时变更会计政策或者会计估计。在财报分析中，我们要善于识别变更对财务报表的影响，尤其要识别是否存在管理层利用变更粉饰报表的情况。对于主业不振、业绩下滑、管理混乱、会计政策或者会计估计变更频繁的公司，我们一定要加以提防。

7.3 如何考虑盈余管理问题

什么是盈余管理呢？通俗地说，盈余管理就是利润调节，包括调低利润和调高利润，意在达到特定目的。例如，根据监管规定，公司连续两年亏损将被 ST，连续三年亏损将暂停上市，连续四年亏损将退市，一些公司为了规避这些监管规定就会进行盈余管理。当然，还有一些公司为了特殊目的也会产生盈余管理动机，包括但不限于推高股价、满足融资要求、迎合分析师预测、高管薪酬考核、满足监管指标的要求，等等。可以说，凡是使用会计盈余数字的地方，都可能产生盈余管理的动机。

盈余管理分为真实盈余管理和应计盈余管理。真实盈余管理是指利用真实交易活动安排影响盈余。例如，通过与客户友好协商，企业把第二年 1 月份将销售的一批商品提前至当年 12 月份销售，于是这批商品对应的销售收入将在 12 月份确认，增加当年的利润。应计盈余管理是通过调节应计项目来达到目的的。应计项目是指影响利润但不影响现金流量或者影响现金流量但不影响利润的项目，比如固定资产折旧和应收账款增加等。如果企业变更固定资产折旧方法，折旧费用变少，在不影响现金流的情况下就可以轻而易举地增厚利润。如果企业放宽赊销政策，应收账款、收入和利润会同时增加，但是没有现金流入。

盈余管理是会计学术研究中一个非常重要的领域。在财报分析中，我们主要关注公司是否进行了盈余管理，以及公司在多大程度上进行了盈余管理。这是具有挑战性的问题。幸运的是，会计学者们已经发展出比较好的模型来估算公司的盈余管理，包括 Jones 模型、修正的 Jones 模型等，感兴趣的读者可以进一步学习钻研。一个最常用的识别盈余管理的方法就是前面提到的将净利润数字与经营活动现金流量净额进行对比，如果二者不相匹配，尤其是经营活动现金流量净额远远小于净利润数字，那么请多加小心。

7.4 如何考虑财务舞弊问题

财务舞弊是严重的违法行为。不论是在西方的资本市场，还是在我国的资本市场，财务舞弊事件时有发生。每一个舞弊事件都是中小投资者的一部血泪史。这些年来，监管部门为打击财务舞弊已经做出了很多努力。可以说，对财务舞弊的零容忍是资本市场进步和健康发展的内在要求。

投资中，一方面我们要追求高收益，另一方面我们要重视风险控制。资本市场很多时候迷雾重重，面对可能存在的投资陷阱，中小投资者是否只能被动接受呢？当然不是。只要掌握了良好的财报分析技术，我们很有可能发现危险在哪里，察觉到舞弊的蛛丝马迹。从这个意义上讲，财报分析不单是开启财富大门的金钥匙，还是帮我们规避风险的避雷针。

如何识破上市公司的财务舞弊呢？要想回答这个问题，我们需要进一步思考：公司有舞弊的动机和压力吗？公司有舞弊的机会和可能性吗？公司舞弊爆出之前的财务指标异常吗？

公司的舞弊动机和压力多种多样。宏观经济不景气、行业整体萎缩、市场需求下降、过高的业绩考核目标会产生舞弊动机；高管的个人薪酬或前途与公司业绩挂钩、高管拥有大量公司股票或期权会产生舞弊动机；为了满足贷款条件要求、满足商业信用条件要求、规避停牌退市监管、满足资产重组要求、拉升股价、偷逃骗取税款等，公司也会产生舞弊动机；为了大股东减持股票，公司也有动机在大股东减持股票前做高盈余推升股价。需要注意的是，如果一家公司同时具备以上几种情况，通常来说，这家公司舞弊的风险会比较高。

公司舞弊的机会和可能性与公司的经营特点密切相关。这些特点包括但不限于业务性质特殊、商业模式不清晰、组织架构复杂、实际控制人频繁变更、公司治理不完善、管理层缺乏有效监督、管理层凌驾于内部控制之上、大股东"一言堂"、关联交易大量或大额发生、资产重组和剥离频繁发生、内部控制薄弱、海外业务占公司全部业务比例较高、公司热衷于概念炒作、公司主要营业收入源于一两个突然增加的客户，等等。对于这类令人眼花缭乱且复杂难懂的公司，我们要尽可能远离。优秀的公司，通常是主业聚焦、简单易懂、运作规范的。

公司舞弊爆出之前，其一些财务指标会表现得较为异常。如果观察以往年度发生财务舞弊的公司，我们会发现，它们的财务指标在舞弊爆出之前确实或多或少存在异常。这些异常包括毛利率异常高、费用率异常低、海外业务收入占总收入比重异常高、存货占总资产比重异常高、存货周转率异常低、应收账款周转率异常低、其他应收款占流动资产比重异常高、预付款项占流动资产比重异常高、会计差错更正金额异常大、公司业绩变脸情况异常明显、现金股利发放率异常低、大股东股权质押比例异常高、关联交易额占总交易额比重异常高、拥有大量货币资金的同时却有异常多的有息负债、经营活动产生的现金流量异常少，等等。

7.5 总结

在财报分析中，我们要防范数字游戏。优秀的公司通常具有以下特点：持续多年收到标准无保留审计意见，不会频繁更换会计师事务所，一般会聘任信誉优良的会计师事务所；不会滥用会计政策变更和会计估计变更；盈余管理较少甚至没有，舞弊迹象较少甚至没有；关联交易较少，不热衷于概念炒作，从未被证监会或证监局处罚；相对同行业公司拥有更优秀的财务指标，并且财务指标与更优秀的产品或服务竞争力相符。简而言之，简单易懂的，才是美好的。

第 8 章

公司估值是否合理

价值投资的关键是以相对较低的价格买入优秀公司的股票并长期持有。因此，以价值投资为目标的财报分析，不仅要识别能够长期成长的、拥有护城河和核心竞争力的优秀公司，还要回答公司股票估值是否合理。然而，估值不仅是科学，更是一种艺术。这一章，我们将探讨估值的要点。

8.1 估值的科学性与艺术性

关于股票定价，学术界已经开展了大量研究，许多学者因此而获得诺贝尔经济学奖，比如有效市场理论和行为金融理论。从这个角度而言，股票估值无疑具有科学性。整个金融学的研究，也已经积累了大量科学知识。按照有效市场理论，股票价格反映了一切与股票价值有关的公开信息，甚至能够提前反映一些尚未公开的信息；而按照行为金融理论，股票价格受到投资者的心理和情绪驱动，不完全是公司内在价值的反映。

现实中，我们也可以看到，一只股票的价格常常捉摸不定，似乎毫无规律可言，成千上万的投资者每个交易日交易一只股票时，影响其决策的既包括所有已知的与公司股票价格有关的信息，也包括投资者对这些信息的理解，同时还包括投资者的心理、情绪等因素。甚至有学术研究发现，投资者所在城市的空气质量也会影响投资者的买入卖出决策。

因此，无论从学术研究，还是从实践而言，股票估值都既有科学性的一面，又有艺术性的一面。从本质上看，公司股票的内在价值取决于公司未来现金股利的贴现，然而公司的未来现金股利的分布是不确定的，没有人能够精确预测未来。那么，巴菲特所讲的买入便宜的好公司，其中的"便宜"如何判断呢？显然，没有一个科学的公式能够告诉我们，这需要科学与艺术的结合。

8.2 如何判断股票估值的高低

判断股票估值的高低，我们首先需要对市场有一个基本的认识。每天的股票价格，我们很难预测，因为太多心理、情绪、资金、消息等因素在影响着每天的股票价格，太多的变量形成万分复杂的变量组合，没人能够很好地掌握这些因素并做出相对准确的决策。那么，我们怎么判断股票估值的高低呢？市场上哪些股票的价值被高估了，哪些股票的价值被低估了？

要解决这个问题，我们需要换一种思维方式，从预测短期股票价格转为预测长期股票价格——我们很难知道每时每刻的海浪浪花有多大，但我们可以相对准确地预测海平面的高低。股票价格，犹如大海一般，短期而言，浪花朵朵，但是长期而言，海平面就是那么高。海平面加上浪花，就如股票价格，时刻变化，捉摸不定，而海平面就是股票的内在价值。价格围绕价值波动，犹如浪花围绕海平面波动。因此，我们要研究的是浪花是否已经变成了巨大的泡沫，抑或浪花远远低于正常的海平面。换句话说，股票价格的估值高低，其基本的参照系是公司的内在价值。

计算公司内在价值的基本模型是股利贴现模型（DDM 模型），这个模型也是其他各种估值模型的基础。举例来说，如果购买一项资产用于出租，资产的使用期限是 10 年，10 年后价值为 0，每年可以收取的租金是 10 万元，那么你愿意花多少钱购买这项资产呢？按照 DDM 模型，这项资产的内在价值就是未来 10 年每年 10 万元租金的贴现值之和，贴现率就是无风险收益率（比如 10 年期定期存款利率，假如不购买这项资产，你起码可以存 10 年定期）。假定无风险收益率是 6%，那么这项资产的内在价值为 10 万元 /（1+6%）+10 万元 /（1+6%）^{2} + 10 万元 /（1+6%）^{3} + 10 万元 /（1+6%）^{4} +10 万元 /（1+6%）^{5} +10 万元 /（1+6%）^{6} + 10 万元 /（1+6%）^{7} +10 万元 /（1+6%）^{8} +10 万元 /（1+6%）^{9} +10 万元 /（1+6%）^{10}。股票的内在价值，其实也是这个道理，所以巴菲特说，买股票就是买公司，也就是买入了获取一组未来收益的权利。

麻烦的是，刚才这项资产的未来收益是确定的，而上市公司的未来现金股利是不确定的，不确定性不仅给计算 DDM 模型的分子数值带来了麻烦，也给确定分母的贴现率带来了麻烦。如果未来现金流分布越不确定，意味着风险越高，这项资产的贴现率就会越高，资产的内在价值也就越低。如果一个公司的未来永久期的盈利或现金股利都是一个固定数额，比如 10 万元，那么这项资产的内在价值就等于 10 万元 / 贴现率；如果一个公司的未来永久期的盈利或现金股利都以一个固定的速度 g 增长，那么这项资产的内在价值就等于 10 万元 / （贴现率 $-g$）。

由于我们不能准确估计公司未来永久期的现金股利分布，DDM 模型计算出的数值只能作为一个内在价值的参照。实践中，常常采用相对法估值模型，包括市盈率模型（每股价格 / 每股净利润）、市净率模型（每股价格 / 每股净资产）、市销率模型（每股价格 / 每股营业收入）。尤其是，市盈率模型是股票估值的最常用模型，一般的证券交易软件也会给出市盈率这个指标。那么，我们怎么判断一个股票的市盈率过高还是过低呢？比如，如果贵州茅台是 50 倍的市盈率，是否算高？格力电器是 50 倍的市盈率，是否算高？

按照价值投资理论，我们首先要选择优秀的公司。所谓优秀，并不是指一家公司能够持续盈利，而是指一家公司的盈利能够持续增长，也就是我们要选择价值创造持续增长的公司。这里的持续增长，要求盈利增长的速度快、持续时间长、确定性高，这种持续增长可以称为优秀的成长性。这也是我们在本书前几章中反复强调的。换言之，我们谈论估值的高低，首先要谈论公司的优秀程度或者公司是否具有优秀的成长性。成长性越突出的公司，随着时间的推移，其市盈率越会因为盈利的高增长而迅速下降，因此目前哪怕是 30～50 倍的市盈率可能都不算高估；反之，对于成长性平庸甚至未来盈利还可能不断萎缩的公司，市盈率可能因为盈利不增长甚至加速下滑而急速上升，因此目前哪怕是 10 倍的市盈率，可能都被严重高估了。

为了权衡市盈率与成长性之间的关系，实务界又发展出一个 PEG 指标，即市盈率 / ($g \times 100$)，其中的 g 是指净利润增长率。比如一个公司过去 5 年和未来 5 年净利润年化增速是 30%，其股票目前的市盈率是 30 倍，那么其 PEG 就等于 1。PEG 越小，说明股票越可能被低估了。PEG 这个修正后的市盈率指标虽然有利于直观地对于成长性股票进行估值判断，但是它没有考虑到同样的 PEG 对于不同成长性的公司而言含义也不一样；同样的 PEG，对于 g 为 30% 的公司和 g 为 10% 的公司而言，实际上前者更可能被低估了。

巴菲特之所以强调买股票就是买公司，强调核心竞争力和护城河，实际也是希望买入能够确定性地持续成长的公司。因此，好公司是第一位的，好价格是第二位的；公司越好，可容忍的估值越高。在 A 股市场上，由于大量散户投资者缺乏理性投资和价值投资理念，大量社会资源被浪费在垃圾股上，反而优质资产常常相对其内在价值而言被低估了，因此我们常常看到 A 股市场上很多优秀企业的股票，过去一些年里几乎在任何时候买入，收益率都很可观，比如贵州茅台、海天味业等。

8.3 总结

估值是科学也是艺术。对于价值投资而言，选择优秀公司是第一位的，这也是本书前面几章的核心内容。财报分析的核心目标就是帮助我们识别优秀公司，并且防范踩雷。便宜的估值在价值投资中也是重要的，但这种重要性是第二位的。估值的高低不能简单地采用市盈率判断，越是优秀的公司（具有较确定的高成长性），目前看似较高的市盈率很快就会随着时间的推移降下来。而对于平庸的、经营不善的公司，哪怕市盈率看起来较低，但依然不能防止公司价值可能像冰棍一样很快"化掉"。在 A 股市场上，散户投资者众多，炒差、炒小成风，优秀公司的股票价值反而常常是被低估的。识别优秀公司，亲近优秀公司，与优秀公司一同成长，是价值投资者的成功之道。

附录 A

常用财务指标

常用财务指标见表 A-1 ～ A-5。

表 A-1　盈利能力指标

指标	计算公式	说明
营业利润率	（营业利润/营业收入）×100%	营业利润率代表企业产品或服务的盈利能力和核心竞争力，营业利润率越高，企业竞争力越强
毛利率	（（营业收入－营业成本）/营业收入）×100%	毛利率代表企业产品或服务的获利能力，毛利率越高，获利能力越强
净利率	（净利润/营业收入）×100%	净利率代表企业经营业务的获利水平，净利率越高，企业业务获利水平越高
费用率	费用总额/营业收入	费用率代表企业每实现1元营业收入所产生的各项费用之和。其中，费用总额＝销售费用＋管理费用＋财务费用。费用率越低，代表企业费用控制得越好
盈余现金保障倍数	经营活动现金净流量/净利润	盈余现金保障倍数代表企业每实现1元净利润对应的经营活动现金净流量。盈余现金保障倍数越高，利润质量越高
总资产报酬率	（净利润/平均资产总额）×100%	总资产报酬率代表企业总资产的获利能力。总资产报酬率越高，企业总资产获利能力越强
净资产收益率	（净利润/平均净资产）×100%	净资产收益率代表企业股东投入资本的收益水平。其中，平均净资产＝(所有者权益年初数＋所有者权益年末数)/2。净资产收益率越高，股东投入资本的获利能力越强

表 A-2 偿债能力指标

指标	计算公式	说明
流动比率	流动资产合计/流动负债合计	流动比率代表企业每1元流动负债有多少流动资产来保证偿还。一般情况下,流动比率越高,企业短期偿债能力越强,财务风险越低
利息保障倍数	息税前利润总额/利息费用	利息保障倍数代表企业盈利对利息偿付的保障程度。一般情况下,已获利息倍数越高,企业盈利对利息偿付的保障程度越高,企业长期偿债能力越强
有息负债比率	(有息负债总额/负债总额)×100%	有息负债比率代表企业有息负债总额占负债总额的比重,比重越高,企业偿还利息的压力越大

表 A-3 营运能力指标

指标	计算公式	说明
应收账款周转率	营业收入/应收账款期初和期末平均余额	应收账款周转率代表应收账款周转速度。应收账款周转率越高,应收账款周转得越快,企业应收账款管理得越好
存货周转率	营业成本/存货期初和期末平均余额	存货周转率代表存货周转的速度。一般情况下,存货周转率越高越好,表明存货不存在积压情况
流动资产周转率	营业收入/流动资产期初和期末平均占用额	流动资产周转率代表企业流动资产周转速度。流动资产周转率越高,流动资产周转得越快,企业流动资产的利用效果越好
固定资产周转率	营业收入/固定资产期初和期末平均净值	固定资产周转率代表企业固定资产使用效率。固定资产周转率越高,企业固定资产使用效果越好
总资产周转率	营业收入/资产期初和期末平均值	总资产周转率代表企业全部资产的使用效率。总资产周转率越高,企业全部资产的使用效果越好

表 A-4 成长能力指标

指标	计算公式	说明
营业收入增长率	((本期营业收入-上期营业收入)/上期营业收入)×100%	营业收入增长率代表公司业务的增长情况。营业收入增长率越高,公司产品或服务的市场需求越大,公司发展前景越好
营业利润增长率	((本期营业利润-上期营业利润)/上期营业利润)×100%	营业利润增长率代表公司业务获利的增长情况。营业利润增长率越高,公司业务获利增长速度越快
净利润增长率	((本期净利润-上期净利润)/上期净利润)×100%	净利润增长率代表公司综合盈利的增长情况。公司净利润增长率越高,公司综合盈利增长越快
经营现金流增长率	((本期经营活动现金流量净额-上期经营活动现金流量净额)/上期经营活动现金流量净额)×100%	经营现金流增长率代表公司经营活动现金流量净额增长情况。经营现金流增长率越高,公司经营活动现金流量净额增长越快

表 A-5　估值合理性指标

指标	计算公式	说明
市盈率	普通股每股市价 / 普通股每股收益	市盈率表示股东为每股收益愿意支付的价格。市盈率越高，投资者对公司未来发展前景越看好
市净率	普通股每股市价 / 普通股每股净资产	市净率表示股东为每股净资产愿意支付的价格。一般来说，市净率较低的股票，投资的价值可能更大
市盈增长比率 （PEG）	市盈率 /（净利润增长率 ×100）	通常情况下，PEG 值越低，股价被低估的可能性越大。该指标弥补了市盈率指标对企业成长性估计不足的弊端

附录 B

参考网站及数据库

[1] 中国证券监督管理委员会指定的上市公司信息披露网站"巨潮资讯网",www.cninfo.com.cn。
[2] 中国证券监督管理委员会官方网站,http://www.csrc.gov.cn。
[3] 上海证券交易所官方网站,http://www.sse.com.cn。
[4] 深圳证券交易所官方网站,http://www.szse.cn。
[5] 中国证券报"中证网",www.cs.com.cn。
[6] 上海证券报"中国证券网",www.cnstock.com。
[7] 证券时报"证券时报网",www.secutimes.com。
[8] 海天味业官方网站,http://www.haitian-food.com(其中,"联系我们/投资者专区"栏目提供了海天味业的定期报告(包括年报)等资料)。
[9] 国泰安 CSMAR 数据库。

大师人生

书号	书名	定价
978-7-111-49362-4	巴菲特之道（原书第3版）	59.00
978-7-111-49646-5	查理·芒格的智慧：投资的格栅理论（原书第2版）	49.00
978-7-111-59832-9	沃伦·巴菲特如是说	59.00
978-7-111-60004-6	我如何从股市赚了200万(典藏版)	45.00
978-7-111-56618-2	证券投资心理学	49.00
978-7-111-54560-6	证券投机的艺术	59.00
978-7-111-51707-8	宽客人生：从物理学家到数量金融大师的传奇	59.00
978-7-111-54668-9	交易圣经	65.00
978-7-111-51743-6	在股市遇见凯恩斯："股神级"经济学家的投资智慧	45.00

估值就是讲故事

书号	书名	定价
978-7-111-62862-0	估值:难点、解决方案及相关案例	149.00
978-7-111-57859-8	巴菲特的估值逻辑:20个投资案例深入复盘	59.00
978-7-111-51026-0	估值的艺术:110个解读案例	59.00
978-7-111-62724-1	并购估值:构建和衡量非上市公司价值(原书第3版)	89.00
978-7-111-55204-8	华尔街证券分析:股票分析与公司估值(原书第2版)	79.00
978-7-111-56838-4	无形资产估值:如何发现企业价值洼地	75.00
978-7-111-57253-4	财务报表分析与股票估值	69.00
978-7-111-59270-9	股权估值	99.00
978-7-111-47928-4	估值技术	99.00

推荐阅读

序号	书号	书名	作者	定价
1	30250	江恩华尔街45年（珍藏版）	（美）威廉 D. 江恩	36.00
2	30248	如何从商品期货贸易中获利（珍藏版）	（美）威廉 D. 江恩	58.00
3	30247	漫步华尔街（原书第9版）（珍藏版）	（美）伯顿 G. 马尔基尔	48.00
4	30244	股市晴雨表（珍藏版）	（美）威廉·彼得·汉密尔顿	38.00
5	30251	以交易为生（珍藏版）	（美）亚历山大·埃尔德	36.00
6	30246	专业投机原理（珍藏版）	（美）维克托·斯波朗迪	68.00
7	30242	与天为敌：风险探索传奇（珍藏版）	（美）彼得 L. 伯恩斯坦	45.00
8	30243	投机与骗局（珍藏版）	（美）马丁 S. 弗里德森	36.00
9	30245	客户的游艇在哪里（珍藏版）	（美）小弗雷德·施韦德	25.00
10	30249	彼得·林奇的成功投资（珍藏版）	（美）彼得·林奇	38.00
11	30252	战胜华尔街（珍藏版）	（美）彼得·林奇	48.00
12	30604	投资新革命（珍藏版）	（美）彼得 L. 伯恩斯坦	36.00
13	30632	投资者的未来（珍藏版）	（美）杰里米 J.西格尔	42.00
14	30633	超级金钱（珍藏版）	（美）亚当·史密斯	36.00
15	30630	华尔街50年（珍藏版）	（美）亨利·克卢斯	38.00
16	30631	短线交易秘诀（珍藏版）	（美）拉里·威廉斯	38.00
17	30629	股市心理博弈（原书第2版）（珍藏版）	（美）约翰·迈吉	58.00
18	30835	赢得输家的游戏（原书第5版）	（美）查尔斯 D.埃利斯	36.00
19	30978	恐慌与机会	（美）史蒂芬·韦恩斯	36.00
20	30606	股市趋势技术分析（原书第9版）（珍藏版）	（美）罗伯特 D. 爱德华兹	78.00
21	31016	艾略特波浪理论：市场行为的关键（珍藏版）	（美）小罗伯特 R. 普莱切特	38.00
22	31377	解读华尔街（原书第5版）	（美）杰弗里 B. 利特尔	48.00
23	30635	蜡烛图方法：从入门到精通（珍藏版）	（美）斯蒂芬 W. 比加洛	32.00
24	29194	期权投资策略（原书第4版）	（美）劳伦斯 G. 麦克米伦	128.00
25	30628	通向财务自由之路（珍藏版）	（美）范 K. 撒普	48.00
26	32473	向最伟大的股票作手学习	（美）约翰·波伊克	36.00
27	32872	向格雷厄姆学思考，向巴菲特学投资	（美）劳伦斯 A. 坎宁安	38.00
28	33175	艾略特名著集（珍藏版）	（美）小罗伯特 R. 普莱切特	32.00
29	35212	技术分析（原书第4版）	（美）马丁 J. 普林格	65.00
30	28405	彼得·林奇教你理财	（美）彼得·林奇	36.00
31	29374	笑傲股市（原书第4版）	（美）威廉·欧奈尔	58.00
32	30024	安东尼·波顿的成功投资	（英）安东尼·波顿	28.00
33	35411	日本蜡烛图技术新解	（美）史蒂夫·尼森	38.00
34	35651	麦克米伦谈期权（珍藏版）	（美）劳伦斯 G. 麦克米伦	80.00
35	35883	股市长线法宝（原书第4版）（珍藏版）	（美）杰里米 J. 西格尔	48.00
36	37812	漫步华尔街（原书第10版）	（美）伯顿 G. 马尔基尔	56.00
37	38436	约翰·聂夫的成功投资（珍藏版）	（美）约翰·聂夫	39.00